高等职业教育“十四五”规划教材

农机营销实务

官万武　雷　进　主编

中国农业大学出版社
·北京·

内容简介

本书是一部具有鲜明农机行业特色的高等职业教育教材。编者从学生发展需要出发，与企业营销行为紧密结合，通过对农机企业市场营销工作岗位的分析，以真实职业活动内容为载体，以完整职业活动顺序为主线进行内容设计，全书主要涵盖市场营销概述、制定农机市场营销策略、制定产品价格策略、销售与售后服务四项基本内容。本书内容深入浅出、概念清晰、重点突出，旨在培养学生在掌握市场营销基本方法与我国农业机械特点的基础上，提升开展农机企业营销策划活动与销售管理工作的能力，最终使学生具备农机营销职业的综合工作能力。

图书在版编目(CIP)数据

农机营销实务/官万武，雷进主编 —北京：中国农业大学出版社，2020.6

ISBN 978-7-5655-2379-3

Ⅰ.①农… Ⅱ.①官…②雷… Ⅲ.①农业机械-市场营销学-高等职业教育-教材 Ⅳ.①F764.4

中国版本图书馆 CIP 数据核字(2020)第 114418 号

书　　名　农机营销实务

作　　者　官万武　雷　进　主编

策划编辑　康昊婷　　**责任编辑**　康昊婷　张士杰

封面设计　郑　川

出版发行　中国农业大学出版社

社　　址　北京市海淀区圆明园西路 2 号　　**邮政编码**　100193

电　　话　发行部 010-62733489,1190　　出　版　部 010-62733440

编辑部 010-62732617,2618

网　　址　http://www.caupress.cn　　**E-mail** cbsszs @ cau.edu.cn

经　　销　新华书店

印　　刷　北京鑫丰华彩印有限公司

版　　次　2020 年 8 月第 1 版　　2020 年 8 月第 1 次印刷

规　　格　787×1 092　16 开本　8.25 印张　120 千字

定　　价　26.00 元

编写人员

主　编　官万武（成都农业科技职业学院）
　　　　　雷　进（成都农业科技职业学院）

副主编　马先军（吉峰三农科技服务股份有限公司）
　　　　　杨　健（成都农业科技职业学院）

参　编　王黎明（成都农业科技职业学院）
　　　　　肖　林（成都农业科技职业学院）
　　　　　刘　昕（成都农业科技职业学院）
　　　　　杨　涛（成都农业科技职业学院）
　　　　　杨志强（吉峰三农科技服务股份有限公司）
　　　　　石浪涛（成都凯茂三农农业机械有限公司）

前言
PREFACE

“农机营销实务”是一门专业性、实践性极强的应用型课程，是高等职业教育农业机械相关专业的核心课程之一。《农机营销实务》是该课程配套教材。作为一门校企合作教材，本书从学生发展需要出发，与企业营销行为紧密结合，强调实践操作，着眼于学生的特色技能教育和动手能力的培养。内容丰富多样，涵盖了市场营销的概念与含义、我国农业机械生产的现状与特点、农业机械市场营销策略、农业机械产品价格策略、农业机械销售与售后服务，符合我国农业机械营销相关岗位要求，旨在培养学生在掌握市场营销基本方法与我国农业机械特点的基础上，提升农机企业营销策划活动与销售管理工作的能力，最终使学生具备综合的职业工作能力。

本书源于成都农业科技职业学院多年的教育教学实践，反映了课程改革及教学研究工作的阶段性成果。教材由成都农业科技职业学院一线教师和有关企业人员及工程师编写。其中官万武、雷进担任主编，马先军、杨健担任副主编，全书由官万武、雷进统稿。第一章概述由杨健编写，第二章制定农机市场营销策略由王黎明和雷进编写，第三章制定产品价格策略由肖林和杨涛编写，第四章销售与售后服务由刘昕和石浪涛编写。吉峰三农科技服务股份有限公司的马先军、杨志强为本书提供了大量素材。成都农业科技职业学院费腾、邵新忠、向乐参与了本书前期编审等工作。

所有参编人员在编写过程中倾注了大量的心血，有的还提出了独到的见解和心得。但由于时间仓促，作者水平有限，书中内容还欠完善，难免有疏漏和不足之处，恳请广大读者谅解并提出宝贵意见，以便今后不断改进。

编　者

2020年3月

目录 CONTENTS

第一章　概述 …… 1

第一节　市场营销的概念及含义 …… 2

一、市场营销与市场营销者 …… 2

二、市场 …… 3

三、需要、欲望和需求 …… 4

四、产品或服务 …… 4

五、价值和满意 …… 5

六、交换和交易 …… 5

七、关系和营销网络 …… 6

第二节　认识现代农业机械产品 …… 7

一、农业机械分类 …… 7

二、农业机械商品分类 …… 11

三、农业机械特点 …… 12

第三节　现代农机市场的现状与特点 …… 14

一、国外农业机械化与农机市场现状 …… 14

二、我国农业机械化与农机市场现状 …… 15

三、我国农机市场特点 …… 18

第四节　现代农机企业的现状 …… 20

第五节　新型市场营销观念 …… 26

练习与思考 …… 29

第二章　制定农机市场营销策略 …… 31

第一节　现代农机市场产品细分 …… 32

第二节　选择目标市场 …… 38

一、新特优产品与推广方式 …… 38

二、大型优良客户营销策划 …… 39

第三节　产品品牌策略分析 …… 40

第四节　农机产品及组合产品分析 …… 42
第五节　制定市场营销策略 …… 45
练习与思考 …… 47
第三章　制定产品价格策略 …… 48
第一节　影响产品定价因素的分析 …… 50
一、市场营销策略 …… 50
二、影响产品定价的因素 …… 53
三、影响价格决策的内部因素 …… 57
四、影响价格决策的外部因素 …… 57
第二节　明确产品定价目标 …… 58
一、产品定价方法 …… 58
二、供应商定价的目标 …… 64
三、供应商定价的程序 …… 66
第三节　选择产品定价方法 …… 67
一、成本导向定价法 …… 67
二、需求导向定价法 …… 70
三、竞争导向定价法 …… 71
第四节　确定产品最终价格 …… 73
一、市场结构 …… 73
二、商品定价方法 …… 74
三、定价分析方法 …… 76
练习与思考 …… 80
第四章　销售与售后服务 …… 81
第一节　塑造专业农机销售人员 …… 82
一、农机销售人员的素质要求 …… 82
二、农机销售人员的商务礼仪要求 …… 86
第二节　认识销售与销售管理 …… 93
一、销售的定义 …… 93
二、销售与营销的区别 …… 94
三、销售管理 …… 94
第三节　确定销售目标与制订销售计划 …… 96
一、销售目标管理 …… 96
二、制订销售计划 …… 98
第四节　客户需求分析及异议处理 …… 99
第五节　农机市场售后服务现状 …… 104

第六节　开展售后服务管理 …… 105
一、建立健全农机企业售后服务管理制度 …… 105
二、农机售后服务质量管理的差距 …… 105
第七节　提高售后服务质量 …… 107
练习与思考 …… 108
扩展资料 …… 109
一、注意事项 …… 109
二、行为规范要求 …… 110
三、常用的商务礼仪 …… 112
四、农机销售人员的专业知识体系 …… 119
参考文献 …… 120

第一章

概述

学习目标

1. 掌握市场营销的概念及含义。
2. 掌握现代农业机械产品及分类。
3. 了解国内外现代农机市场现状与特点。
4. 了解国内外知名农机企业。
5. 了解新型市场营销观念。

学习要求

能力目标	知识要点	权重/%
掌握市场营销的概念及含义	市场营销的概念及含义	50
掌握现代农业机械产品分类与农业机械特点	农业机械分类、农业机械商品、农业机械特点	25
了解国内外现代农业机械市场经济形势、知名企业	国内外农机市场现状、特点、知名企业	25

我国是农业大国，有着悠久的农耕历史，其耕地面积占世界耕地面积的7%，全国农作物耕种综合机械化水平由2008年的45.8%增长至2016年的65.2%，这就意味着我国传统农业向现代农业、智慧农业迈进了一大步。农业机械化是农业生物高新技术研究成果得以有效实施和推广的关键载体。同时，也是现代农业、智慧农业的重要组成部分，为农业高效优质、高产和可持续发展做出了重大贡献。然而，在市场经济日益发展和市场竞争日益激烈的今天，企业必须十分重视市场营销，市场营销已成为影响农业机械生产企业发展的主要因素之一。市场如战场，谁能把营销做得更好，谁就掌握了市场的主动权。对企业而言，市场营销活动是一项重要的、复杂的系统工程。

第一节　市场营销的概念及含义

被誉为“现代营销学之父”的科特勒将市场营销描述为：“个人或群体通过创造，提供并同他人自由交换有价值的产品，以获得其所需所欲之物的一种社会和管理过程。”在这个核心概念中包含了需要、欲望和需求，产品、价值和满意，交换和交易，关系和网络，市场，营销和营销者等一系列的概念。

一、市场营销与市场营销者

市场营销（marketing）又称作市场学、市场行销或行销学，MBA、EMBA等经典商管课程均将市场营销作为对管理者进行管理和教育的重要模块包含在内。美国市场营销协会（American Marketing Association，AMA）给出的定义为：在创造、沟通、传播和交换产品中，为顾客、客户、合作伙伴以及整个社会带来经济价值的活动、过程和体系。尤其是指营销人员针对市场开展经营活动、销售行为的过程。市场营销是站在企业的角度研究如何同其顾客实现有效交换的学科，所以说市场营销是一种积极的市场交易行为，现代营销活动的出发点和归属点是满足顾客的需求，核心概念是交换，市场营销活动贯穿于企业生产经营活动的全过程。

市场交易时表现积极的一方称为市场营销者(marketer),不积极的一方称为目标公众。市场营销者通常是指服务于最终用户市场,同时又面临竞争者的卖方公司。并采取积极有效的策略与手段来促进市场交易的实现。

二、市场

市场是企业开展营销活动的阵地,而研究市场是企业进入市场的开端,只有足够地了解市场,营销人员才能游刃有余地实施营销策略。市场是商品经济发展的产物,市场的概念也随着商品经济的发展而发展。虽然市场的概念有多种含义,但通常可归纳为以下 3 种。

(1)传统意义上的狭义市场仅仅是指买卖双方进行商品交换的场所,强调买主与卖主发生交换关系的地点和区域。

(2)经济学上强调的是商品供求关系、竞争关系、利益关系,将市场描述为买卖关系的总和,也就是从事商品生产和交换的生产者、经营者、消费者之间交换行为和活动中体现的经济关系的总和。

(3)营销学中从企业或卖方角度对市场的解释为某项产品或劳务的现实或潜在购买者的集合。这里所说的市场由 3 个基本要素构成,即有某种需求的人、购买力和购买欲望,见图 1-1。人口是构成市场的基本因素,一个国家或地区的人口数量是决定市场大小的基本前提;购买力是人们支付货币购买商品或劳务的能力,通常购买力的高低由购买者收入的多少决定;购买欲望是指购买者购买商品的动机、愿望和要求,是购买者把潜在购买欲望变为现实购买行为的重要条件。一般来说,人们收入越多,购买力高,市场和市场需求就越大;反之,市场越小。也就是说,市场的规模取决于有着某种需要和特定资源,并且愿意通过交换

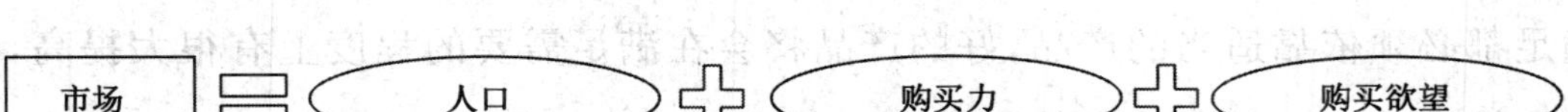

图 1-1　市场三要素

来满足其需要的消费者数量。

市场按照不同划分角度大致可分为以下几个大类，见表 1-1。

表 1-1 市场的分类

按照市场中商品交换的地理区域划分	按世界地区划分	国际市场，如北美市场、中东市场、东南亚市场等
		国内市场，如华北市场、华东市场、西北市场、华南市场等
	按城乡划分	城市市场、农村市场
	按行政单位划分	四川省市场、江苏省市场、广东省市场等
按照不同商品的交换场所划分	汽车市场、农机市场、纺织品市场、蔬菜市场等	
按照不同商品购销方式的不同划分	批发市场、零售市场、批发零售兼营市场等	

三、需要、欲望和需求

需要（needs）是指人没有得到满足的感受和状态；欲望（wants）是指人想要消除未满足的状态，得到某些满足的愿望；需求（demands）是指对有购买力并愿意购买某个具体产品或服务的欲望。欲望形成需求应具备两个条件，即购买力和愿意购买某种产品或消费某种服务的欲望。需要只存在于营销活动之前，营销者并不创造需要。但营销者可以影响人们的欲望，并创造人们的需求。

四、产品或服务

产品（product）是指能满足某种需要或欲望而提供给市场交换的一切，包括有形的商品、无形的服务、人员、知识、观念（包括创意）、组织、地点。任何需要的满足都必须依靠适当的产品，好的产品将会在满足需要的程度上有很大提高，也就能够在市场上具备较强的竞争力。

五、价值和满意

人们在获得使其需要得到满足的产品效用的同时，必须支付相应的费用，这是市场交换的基本规律，也是必要的限制条件。市场交换能否顺利实现，往往取决于人们对效用和代价的比较。如果人们认为产品的效用大于其支付的代价，再贵的商品也愿意购买；相反，如果人们认为代价大于效用，再便宜的商品也不会要，这就是人们在交换活动中的价值观。可以用公式表示：

$$价值=\frac{效用}{费用}$$

式中：效用(utility)——由产品提供的各种功能与利益；

费用(cost)——得到产品效用所需要的成本付出(含购买成本和使用成本)。

人们只会去买有价值的商品，并根据效用和费用来认识价值(value)的实现程度，当以较小的费用获得较大的效用时，则会十分满意。因此，满意是指客户通过使用产品对其效用和费用的综合评价而形成的一种心理状态。具体来说，是客户的需求被满足后的愉悦感，是客户对产品或服务的事前期望(预期绩效)与实际使用产品或服务后所得到的实际感受(可见绩效)的相对关系。当可见绩效大于或等于预期绩效时，客户会感觉满意；反之，客户会感觉不满意。满意是客户忠诚的基本条件，只有在交易中感到满意的客户才可能成为企业的重要客户。

六、交换和交易

交换(exchange)是指以一定的利益让双方从对方那里获得相当价值的产品或满足，是市场营销活动的核心。从交换实现的必要条件来看，必须满足以下几个条件。

(1)交换必须在至少两人之间进行。

(2)双方都拥有可用于交换的产品。

(3)双方都认为对方的产品对自己是有价值的。

(4)双方有可能相互沟通并把自己的产品递交给对方。

(5)双方都有决定进行交换和拒绝交换的自由。

也就是说,需要的产生才促使交换成为有价值的活动,产品的产生才促使交换成为可能,而价值的认同才能够使得交换最终实现。"需要""产品""价值""满意"都因"交换"而有意义,因此,"交换"是市场营销概念中的核心要素。

交易(transaction)指的是在一定条件(协议)下的交换行为。交换是一个过程,只有当双方克服了各种交换障碍,达成了交换协议,才能称其形成"交易"。交易是达成意向的交换,交易的最终实现需要双方对意向和承诺的完全履行。所以,如果针对某一次交换活动,则市场营销就是为了实现同交换对象之间的交易,这是营销的直接目的。

七、关系和营销网络

关系(relations)是指双方或多方所形成的相关联系和状态。现代市场营销活动中,企业为了稳定自己的销售业绩和市场份额,就希望与自己的客户群体之间的交易关系长期地保持下去,并不断地发展。而要做到这一点,企业市场营销的目标就不能仅仅停留在一次交易的实现,而应当通过营销的努力来发展同自己的供应商、经销商和顾客之间的关系,使交易关系能够长期稳定地保持下去。

营销网络(marketing network)是指企业与其所有的利益方建立的互利业务关系。生产者、中间商以及消费者之间的关系直接推动或阻碍交易的实现和发展。企业同与其经营活动有关的各种群体(包括供应商、经销商和顾客)所形成的一系列长期稳定的交易关系就构成了企业的市场营销网络。在现代市场营销活动中,企业市场营销网络的规模和稳定性成为企业市场竞争力的重要方面,从而也就成为企业营销的重要目标。

综上所述,将市场营销概括为:从顾客(消费者和用户)的需要出发,组织整体性的经营活动，以适应营销需要，并能够将满足需要和提升顾客价值的产品（或服务）送到顾客手中，让顾客满意，以实现企业的经营目标。

第二节　认识现代农业机械产品

农业生产工具的发明与应用促进了我国农业生产的发展和人类文明的进步。简单石器和手工木器的出现、木制和铁器农具的发明、电动机和拖拉机的发明与应用都是农业生产发生巨大变化的重要标志。

一、农业机械分类

农业机械是农业机械化的核心内容，也是农业机械化的物化技术形态。广义上讲，农业机械是农业生产中使用的各类机器和农具的总称。现代农业生产包含了种植业、养殖业、加工业、运输业等多种行业和产前、产中、产后等多个环节。因此，农业机械是一个涉及领域广泛、内容繁多的机械大家族。中华人民共和国农业行业标准（NY/T 1640—2015）中将农业机械定义为：用于农业生产及其产品初加工等相关农事活动的机械、设备。并将其分为了耕整地机械、种植施肥机械、田间管理机械、收获机械、收获后处理机械、农产品初加工机械、农用搬运机械、排灌机械、畜牧机械、水产机械、动力机械、农业废弃物利用处理设备、农田基本建设机械、设施农用设备与其他机械共 15 个大类，49 个小类（不含“其他”），共 257 个品目。此外，习惯上根据农业机械的功能不同，将农用机械概括地分为农用动力机械和农业作业机械（即农机具）两大类。多数情况下，动力机械与作业机械需要通过一定的方式连接起来形成作业机组才能进行移动作业。另外，按作业种类的不同，农业机械大致可分为农田基本建设机械、耕播机械、排灌机械、植物保护机械、运输机械、收获机械、农副产品加工机械、林业机械、牧业机械、渔业机械和农用航空机械等（图 1-2）。

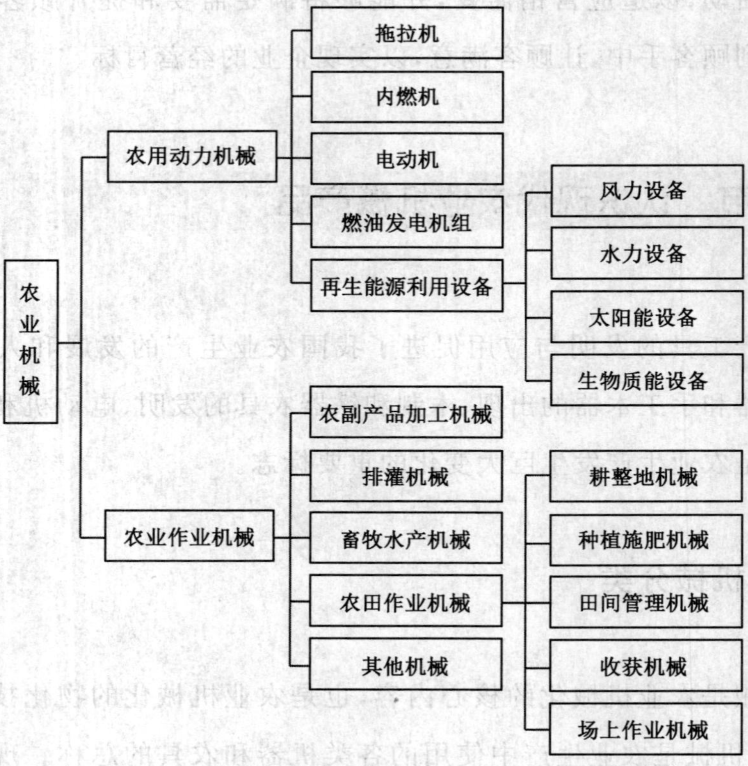

图 1-2 农业机械习惯分类

(一)农用动力机械

农用动力机械是指为农业生产、农副产品加工、农田建设、农业运输和各种农业设施提供原动力的机械。常用的有拖拉机、内燃机(柴油机、汽油机、煤气机等)、电动机、水轮机、风力机等。在农业生产中用机电动力代替人力和畜力,可提高劳动生产率、减轻劳动强度、增强抵御自然灾害能力、及时地完成各项农事作业,对农业产品产量的提高具有显著作用。

1. 拖拉机

拖拉机是农业生产中具有多方面作业功能的主要行走动力机械。它与牵引式或悬挂式农机具配套,可以进行耕整地、种植、施肥、田间管理、植物保护、农田基本建设、运输等一系列移动作业;也可以利用拖拉机动力输出轴和带轮工作装置驱动脱粒、清洗、农副产品加工、排灌等机械进行固定作业;还可以用于园林、山地、水田等特殊地形的农机具配套作业。拖拉机种类很多，主要有手扶拖拉机、轮式拖拉机、履带式拖拉机、船形拖拉机等。其中船形拖拉机销往南方水田地区较多，其他类型拖拉机和轮式拖拉机在全国各地销售量较大，特别是手扶拖拉机和轮式拖拉机需求量最大。

2. 内燃机

内燃机是农业生产中具有多方面用途的配套动力源，常作为拖拉机、联合收割机、运输机械、插秧机、农副产品加工机械、排灌机械、畜牧机械等作业机械的动力装置。农用内燃机主要有柴油机和汽油机两种，在全国各地都有销售，尤以中小型柴油机为最多。

3. 电动机

电动机也称电机、马达，是一种把电能转换为机械能的设备，运用定子绕组（通电线圈）产生旋转磁场并作用于转子形成磁电动力旋转扭矩。电动机的种类很多，按使用电源不同可分为直流电动机和交流电动机。在农业生产中，广泛使用的是小容量（100 kW 以下）的三相鼠笼式异步电动机。电动机的结构简单，操作方便，在我国各地的销售量有逐年上升的趋势。

4. 燃油发电机组

发电机组是将其他形式的能源转换成电能的成套机械设备，由动力系统、控制系统、消音系统、减震系统、排气系统组成，由水轮机、汽轮机、柴油机或其他动力机械驱动，将水流、气流、燃料燃烧或原子核裂变产生的能量转化为机械能传给发电机，再由发电机转换为电能，输出到用电设备上使用。在工业、农业，甚至国防、科研中应用极为广泛。此外，近年来随着科技进步，作为家庭应急电源及野外出行电源的优先选择，轻量便携小型发电机组也开始进入居民的日常生活中。

5. 再生能源利用设备

（1）风力机　风力机早期也被称为风车，是一种以风能作为能源的动力机械，常用来发电、提水等作业。已成为我国新疆、内蒙古等西北边远地区以及东南沿海地区农用和生活用动力的来源之一。

（2）水轮机　水轮机是把水流的能量转换为旋转机械能的动力机械，属于流体机械中的透平机械。早在公元前100年，我国就出现了水轮机的雏形——水轮，用于提灌和驱动粮食加工器械。现代水轮机是中小型水力发电站的主要动力，也可作为水泵、水磨、铡草等农业机械的动力。广泛应用于中南地区、西南山区等水电资源蕴藏丰富的地区。

(3)太阳能利用设备　农用太阳能设备主要是指太阳能发电设备，尤其是光伏农业一体化并网发电项目，将太阳能发电、现代农业种植和养殖、高效设施农业相结合，实现光伏系统可运用农地直接低成本发电。并且，已在我国形成菌菇光伏模式、渔光互补模式、热电光模式、水电光模式等十大较为成熟的光伏农业应用模式。

(4)生物质能利用设备　生物质能是自然界中有生命的植物提供的能量。这些植物以生物质作为媒介储存太阳能。据计算，生物质储存的能量为270亿kW，比目前世界能源消费总量大2倍。生物质能可转化为常规的固态、液态和气态燃料，取之不尽、用之不竭，是一种可再生能源，同时也是唯一一种可再生的碳源。在我国常使用农林废弃物作为生物质能压缩颗粒燃料，尤其在秸秆综合利用方面已形成农用为主、多元发展的农作物秸秆综合利用产业格局，见图1-3。

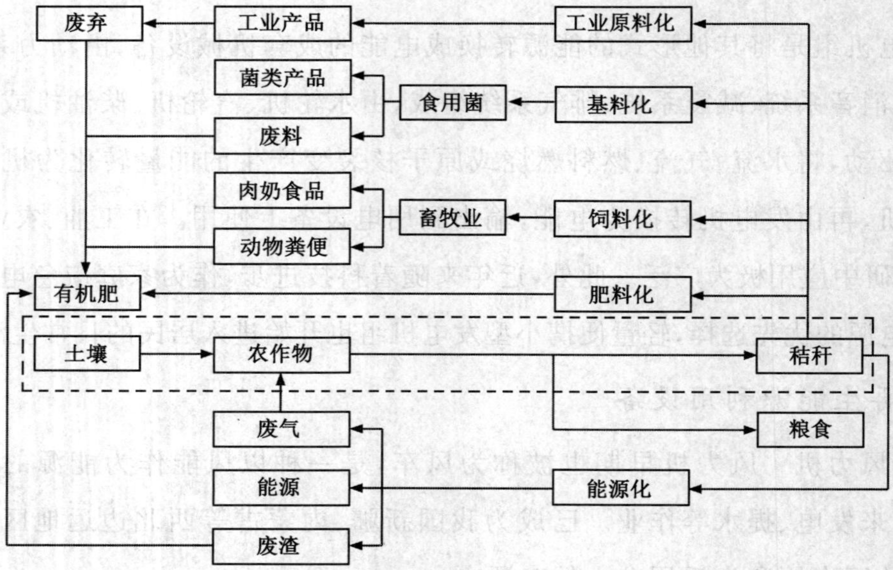

图1-3　我国秸秆综合利用措施

(二)农业作业机械

农业作业机械一般按以下 4 种方法分类。

(1)按农业机械作业性质可分为:农田耕作机械、收获机械、场上作业机械、农副产品加工机械、排灌机械、植保机械、装卸运输机械以及畜牧、林业及其他机械。

(2)按动力可分为:人力机械、畜力机械、动力机械与风力机械。

(3)按地开明和耕作制度分为:平原旱作机械、水田机械、山地机械及垄作机械等。

(4)按部颁标准规定分类,在中华人民共和国第一机械工业部部颁标准 NJ 89—74《农机具产品编号规则》中将农用机具分为以下 10 类:耕耘和整地机械;种植和施肥机械;田间管理和植物保护机械;收获机械;谷物脱粒、清选和烘干机械;农副产品加工机械;装卸运输机械;排灌机械;畜牧机械和其他机械。

二、农业机械商品分类

农业机械作为商品通过农机销售企业进行销售时,其分类方法是从经营管理角度出发,依据商品特点来进行分类。在经营活动中常用以下两种分类方法。

1. 按农机商品流转统计分类

根据国家统计局对农机商品流转统计工作的要求,把农机商品分为机械化农机具类、动力及排灌机械类、农副产品加工机械类、维修配件类、非农机商品 5 类。这种分类方法主要是按商品性质同类归并的原则来划分的,它是为了在商品流转过程中便于统计而做的统一规定。

2. 按农机销售定价分类

为了便于对农机商品销售价格的制定,国家物价局、机械电子工业部和物资部将农机商品按照其性质、价值、经营成本的高低等原则划分为 3 类,见表 1-2。

表 1-2　农机商品分类

类别	农机商品名称
一类商品	拖拉机、挂车、农业汽车(载货车、农用改装车、农用运输车、机动三轮车)、加油车、推土机及装置、收获机械、扬场机(7.35 kW 以上)、烘干机、机动脱粒机、机动插秧机、机动植保机械、农机检修试验设备、畜牧机械、林业机械、机耕船(包括农用船)
二类商品	农田排灌机械(包括电动机、内燃机、喷灌机、水泵及附件、电器设备等)、大中小型机引农具(包括犁、耙、播种机、中耕机、平地机、开沟器、镇压器、连接器等)、船用齿轮箱、船用挂浆机、小型水力和风力发电机(500 kW 以下)、柴(汽)油发电机组、打井机具及油罐等
三类商品	小型机动脱粒机械(筒式脱粒机)、扬场机(7.35 kW 以下)、小型农机试验检修设备、各种拖拉机配件(附件、液压装置及拆装工具)、渔业机械、铡草机、小型水泵(口径 6 in 以下)和小型潜水电泵及其配件、各种水管、各种动力机械配件、各种机引农机具配件、船用齿轮箱配件、各种农副产品加工机械及配件、维修轴承、半机械化农具及其配件、传动带、V 带、胶轮大车和畜力车底盘及其配件(包括内、外轮胎)、农用汽车和拖拉机(包括挂车)轮胎、标准件以及其他有关机具的配件、油桶等

一般来说，一类商品的价值高，经营成本也就低些；三类商品由于其价值较低、品种繁多，经营成本较大；一些二类商品的经营成本介于一类商品和三类商品之间。

三、农业机械特点

我国幅员辽阔，社会和自然条件差异较大，各地因地制宜地发展农业机械，造成了我国南北地区、平原与丘陵地区农机产品类型的多样性和区域性发展，并形成了以下 5 个主要特点。

1. 农业机械地域分配不均衡

我国不同地区经济发展水平不同，加之自然条件、作物种类、种植制度以及气候因素的影响，造成我国农机区域分配出现严重不均衡的问题，具体体现为我国东部农业用地面积较少，但农机数量、总动力占比较大，相反，农业用地面积较多的西部、西北部，农机数量以及总动力占比却较小。

2. 农业机械装备结构不均衡

目前，我国农机装备结构上存在不均衡问题，体现出部分产品过剩和部分产品短缺并存问题，不仅制约了农机使用效率，也制约了农业机械化的全面推进。从当前我国农业机械的使用情况来看，结构不均衡主要表现在：农机老化现象十分严重，并未及时更换，而且运输的机械较多，作业机械不足；中小机械为主，大机械不足；低档低效的机具居多，高档高性能的机具较少。目前，产能过剩的农机产品多集中于拖拉机、收割机、运输车辆等领域，在农副产品加工机械、果园管理机械、经济作物收割机械等精细化农机产品方面仍较为短缺。

3. 农作物机械化作业程度不均衡

我国地域广阔、土地类型多样化，农作物种类繁多，致使我国农业机械化水平在不同作物、不同环节上存在着较大的差距。根据数据显示，经济作物机械化水平普遍低于粮食作物的机械化水平，而在粮食作物中，水稻和玉米的机械化水平要低于小麦的机械化水平，以 2014 年为例，水稻种植机械化水平为 38%，玉米收获机械化水平为 56%。小麦的种植和收获机械化水平远远高于水稻和玉米。此外，在农业机械作业中机耕的机械化水平相比于机播、机收水平要高出很多。

4. 农业机械服务体系不健全

健全的农业机械服务体系应当涵盖农业生产的产前、产中、产后等各个环节，并涉及畜牧业、林业、农产品加工处理等方面。目前，我国的农业机械服务体系仍处于起步阶段，尚未建成一个完整、健全的服务体系，存在配套农机具缺乏、农机服务单一、服务范围较窄、资金不足等问题。同时，在农机服务人员、专业技能方面也存在诸多不足，技术人员少、专业技能较差，缺乏良好的培训体系，很难满足对农业机械服务的需求。

5. 农业机械呈现多样性发展

随着社会的发展，人们对经济作物的需求量越来越大。农业生产结构发生了很大的变化，农业生产不仅以粮食作物为主，而且更加关注经济作物和果树种植，这些变化对农业机械化发展提出了新的要求。一方面农业生产结构的改变，需要新的农业机械化技术进行支持。另一方面，农业机械化不能仅仅局限于单一的技术手段，需要对机械化技术进行创新发展。我国农业机械化发展的创新，不仅可以满足农业生产结构的要求，而且还可以进行多样化的变化，服务于农作物种类的多样化，更好地满足人们的需求。

第三节　现代农机市场的现状与特点

一、国外农业机械化与农机市场现状

国外农业机械化的水平和特点主要以经济发达的美国、日本、德国、英国、意大利、澳大利亚、荷兰、以色列等国家为代表，这些国家在农业生产、农作物种植、土地经营规模、农民经济收入、社会服务体系、自然条件以及使用的农用机械和机械化水平等方面具有一定的典型性，常被其他国家学习、参考、借鉴。北美、西欧和某些太平洋沿岸的国家与地区农业收入较高，农民购买农业机械在贷款时有足够物质保障和资金支持。而在非洲、亚洲和拉丁美洲地区各国情况则正好相反，农业收入比较低，资金匮乏，很多地方还在使用手工犁进行生产。如果这些欠发达国家和地区的农业生产率能够提高的话，这些国家将从中受益不少。但是，现在这些国家却拿不出进行农业设备投资的资金。目前这种情形正在发生积极改变，不少国家的经济都呈现出不同程度的增长。因此，尽管发达国家在全球农业机械市场上占据了较大份额，但是在2005—2010年间，美国和西欧的农机市场增长速度在放缓。而亚太、拉美、非洲/中东和东欧四大区域的农机市场增长在明显提速，其中亚太地区已实现年均增长7.9%，拉美地区6.2%，非洲/中东地区5.5%，东欧地区5.8%。全球增长最快的是中国，年均增长率已达到11%。

二、我国农业机械化与农机市场现状

(一)我国农业机械化水平现状

1.发展速度

近年来,我国各地农业生产机械化水平取得了显著的成绩,从发展速度看,主要体现在水稻种植、玉米收获、油菜收获等几方面。据相关数据统计,我国机械化种植水稻技术平均每年上涨幅度为6%～7%,其中最明显的要数东北地区、长江中下游平原地区,可以达到每年10%的增长速度。而水稻收获机械化水平更是遥遥领先,平均已超过我国总增长点的95%左右,就连南方低缓丘陵地区的水稻收获机械化程度也已经超过了70%。同样在玉米收获方面,机械收获的面积不断增加。由于东北是我国最大的玉米生产基地,所以近年来,其机械化水平可达到每年16%的增长速度。以往南方油菜的机械收获量不是很多,随着近年农业机械的普及,其机械收获量以每年4%左右持续上涨,可见农业机械化对农业生产的重要性非同一般。

2.装备结构

随着农业机械化程度的提高,使得种植业机械设备在区域分布上做到因地制宜,全面发展。主要表现在两方面,其一,国家在耕地面积及补贴上都加大了力度,将平原地区一些功能单一的小型机械设备全部替换成大中型、多功能的生产工具,如拖拉机、收割机、耕地机等设备;其二,随着科学技术的快速发展,研制出了针对丘陵地区的农用生产工具,如微耕机、耕整机、割晒机等,填补了丘陵地区农业机械的空白。解决了因丘陵地区地形复杂,传统的农用机械设备根本无法发挥作用,只能依靠人力从事农业生产,严重影响农业的生产效率,拖延农业经济发展的难题。由此可见,我国农机装备结构正在向不断更新、不断完善的方向发展,它不仅有效地完善了丘陵地区农业机械的缺失,而且将大中型农用机械作为平原地区最佳的农用工具进行更新换代,从而从整体上促进了我国农业生产水平的稳步提高。

3. 产业环节

尽管我国农业机械化发展已经取得了很大的成绩，但是具体到粮棉油等作物的生产机械化程度，还存在着发展不平衡等问题，需要在未来的发展中不断地改进和完善。经过对我国主要粮棉油作物生产机械化水平的调研发现，除了玉米、水稻这两种主要农作物的播种、收获机械水平较高，像棉花、甘蔗、茶叶、蔬菜等作物的种植和收获机械水平都处在较低的状态，年增长低于10%。因此，从产业环节来看，我国农业机械化发展仍然任重道远，需要相关部门制定相应的对策，以全面提升我国农业生产的水平。

4. 区域发展

由于我国地形地貌的复杂性，西南丘陵地区、西北黄土高原及干旱区域的农业机械化发展与其他区域的发展水平相比差异很大，尤其是播种环节的机械化程度，有下降的趋势。究其原因，主要是其区域土质属于黄土、沙土特性，水资源极其缺乏，再加上风沙气候的影响，致使土壤干旱，无法使用机械播种，致使农作物生产效益较低，严重影响了农业生产水平的提高。因此从区域发展来看，我国农业机械化建设受区域自然条件的制约较为明显，延缓了整体农业生产机械化水平的提升。

(二)我国农机市场现状

"十二五"期间，我国农业机械制造业受益于国家政策鼓励、资金投入、财税优惠等，随着科研、生产、开发体系的完善和发展，规模不断扩大，并保持快速发展态势，农机工业主要总量指标已经位于世界前列。中国产业调研网发布的2017年中国农业机械市场现状调查与未来发展趋势报告认为，2011年，全国农机工业总产值达2 898亿元，农机行业的总资产增加了27.3%，高于机械制造业中其他行业8个百分点。与此同时，外资企业也纷纷来华建立生产基地，倚重中国制造，内外两个同时运作。2011年我国农机行业企业数量和规模企业数量都有增长。在双重资本的助推下，我国农机行业的规模被快速放大，新投资效应陆续开始释放，投资对农机生产的快速拉动效果开始呈现。

2012年1—11月，全国规模以上农业机械企业的工业总产值累计已达

2 832.59 亿元，同比增长 19.61%。2013 年，中央财政安排农机购置补贴资金 217.5 亿元，共补贴购置各类农业机械约 594 万台(套)，受益农户达到 382 万户。农机购置补贴政策的实施，进一步激发了农民购买农业机械的热情，形成了以农民和农业生产经营组织投入为主、以财政补贴和社会投入为辅的多元化投资格局，拉动农民和农业生产经营组织直接购机投入近 550 亿元，促进了农机工业产销两旺。

2013 年 1—10 月，全国规模以上农机工业企业实现主营业务收入 3 044 亿元，同比增长 16.3%，高出全国机械工业行业平均水平 3.3 个百分点。

2014 年成为我国农机市场的拐点，农机市场的增速首次跌入个位数，我国农机行业由此进入到新的发展阶段——农机化发展的中高级阶段，该阶段突出特征是:传统市场的转型升级伴随着增幅趋缓，新兴市场开始崛起，但尚处于孕育期。

2017 年全国农作物耕种收综合机械化率提高 1%，达到 66%以上。全国农机总动力接近 10 亿 kW，亩均动力约为 0.38 kW。规模以上农机企业主营业务收入为 4 291.35 亿元，比上年增长了 6.15%。2017 年农机行业 2 429 家规模以上企业中 217 家出现亏损。大型农用生产机械 51 052 台，同比下降 18.93%，谷物收获机下降 12.58%，玉米收获机下降 11.44%。2017 年农机行业进出口总额 123.27 亿美元，同比增长 11.18%。其中进口额 22.38 亿美元，同比下降 1.78%，出口额 100.89 亿美元，同比增长 14.53%。拖拉机(包括轮式、履带、手扶)出口总量 151 519 台，同比增长 20.40%；进口总量 1 619 台，同比增长 10%。其他农机出口 15 662 台，比 2016 年下降了 87.80%，进口 400 台，同比下降了 56.62%。

2018 年，我国农机行业遭遇了近十几年来最寒冷的冬天。据国家统计局数据，1—10 月规模以上农机企业主营业务收入 2 311.04 亿元，增幅只有 0.76%。从 2 月开始，行业增速迅速跌到 2017 年同期的一半以下，且一直保持在低位运行。其中大型企业不仅主营业务收入出现较大的负增长，而且骨干企业的利润增长率暴跌至－43.15%。主要原因是骨干企业大多是拖拉机和收获机生产企业，而这两大类产品也是近几年下滑比较明显的领域，因此给骨干企业造成了较大的压力。与此同时，骨干企业也在积极进行产品结构的调整，这样也会不同程度地影响行业的发展速度。虽然从市场整体看，2018 年多数农机产品产量出现下滑，但也有个别细分市场，如短板产品、小众产品，以及零部件领域的表现可圈可点。据统计，1—10 月，青贮机产量同比上升 10.34％，畜牧机械产量同比上升 14.89％。花生联合收获机产量 2018 年增幅超过 50％，甘蔗收获机产量快速增长，马铃薯机械、果园机械、残膜回收机等市场需求量也不错，采棉机更是一机难求。据了解，2018 年新疆的采棉机增产 650 台左右，同比产量大幅度增长，而且呈现供不应求之势。值得欣喜的是，国产采棉机在经历了多年的研发试验、改进完善后，终于实现了产业化生产，在市场上占有一席之地，打破了外资品牌的长期垄断。除此之外，零部件行业一直保持较好的运行状态。这主要得益于外资企业加大本地采购力度、零部件出口能力增强、大型企业产品质量整合升级，以及市场销售追求品牌化等因素的拉动。

在未来较长一段时期内，农业装备板块将成为国家优先发展的重点行业之一，特别是当前我国农机化已经由初级阶段跨入了中级发展阶段，预示着我国农业机械化将迎来一个高速发展的新时代，农机化发展蕴藏着巨大的市场空间。

三、我国农机市场特点

我国不同的地域特征和农作物分布，形成独特的农机市场特点。我国各地区的农作物种类和品种、种植习惯和耕作田地差异明显，对不同类型的农机产品需求各异。华北平原地区（平原比例高达 84％）的机械化比例居全国第二，以种植玉米，小麦为主。因此是农机传统产品销售区域，成为拖拉机及配套农机具、收获机械的主要市场。拥有广阔耕地面积的东北地区以及新疆地区，水稻、玉米种植比例较高，农业机械化程度全国最高，代表着中国大型农机具和加工、养殖机械的发展方向。长江以南地区，地形复杂，以小块耕地为主，农业机械化水平提高缓慢，但播种机械化水平很高。南方丘陵地区，以种植水稻为主，但插秧机械化水平落后。因此，一种机型畅销全国各地市场的情况基本没有可能，各区域根据自身的特点对拖拉机和收割机械等提出了不同的需求。此外，农机销售具有明显的季节性特点。特别是对于收割机械类的产品:一季度因受到春节假期的影响,且农机补贴政策还未运行,市场推力减弱,进入农机市场销售淡季。每年农机销售季一般从春节后开始启动,3—4 月份是销售高峰期,7 月份为准备秋收和冬小麦的播种又会迎来一个销售高潮,第四季度的销售基本停止。另外,由于我国南方和北方、东部和西部季节性差异较大,北方的农忙恰是南方的农闲,南方的农忙恰是北方的农闲,这种季节性差异让行业内资源存在时间差,如果能够充分利用这种季节性差异,有效地调配资源,将产生极大的经济效益。目前,我国农机市场呈现出区域性和季节性等特点。

1. 区域性

我国中部、东北部和西部地区,主要以旱田为主,耕种面积大,适用的农机多以大马力、大转弯半径、牵引力大的大中型农机为主。我国南部及西南部地区,主要以水田为主,耕地多为面积不大的小块耕地,适用的农机多以小马力、小转弯半径的中小型农机为主。对农机的要求是机械化程度高,灵活轻巧,便于操作。

我国黑龙江、河北、湖北、河南、山东、江苏等农业、农机大省和粮食主产区的收获机械市场需求旺盛,这与目前农机消费市场分布的特点相符。玉米收获机销售区域主要是山东、河南、河北和京津等地区市场以及黑龙江和新疆市场,生产厂家主要集中在中原地区;全喂入水稻联合收割机主销区域为传统的南方水稻产区,但现在也逐步延伸至稻麦轮作区,甚至一些机型还进入了东北市场;半喂入水稻联合收割机首先在经济较发达的江苏省起步,目前已逐步扩展至安徽、浙江、湖北、湖南、广东和江西省的水稻产区;河南、山东、河北等小麦、玉米主产区为主要青贮机械需求区域;在西部地区,重点围绕草场的建设和保护,积极发展牧草生产和收获机械,这为我国牧草机械的发展提供了巨大的市场机遇。

2. 季节性

不同季节需要不同农业生产机械作业来满足农作物生产的需要,各种专用的农作物机械在不同的时间内完成各种农业作业的特性,称之为农用机械生产的季节性。播种机械、收获机械的季节性较强，春耕秋收等农忙季节前是农机销售的旺季，且为集中使用期。近年来，由于农机购置补贴对农机市场的拉动作用明显，农机市场启动时间也受到农机购置补贴发放时间的影响。同时，受农业生产季节性影响，拖拉机的销售旺季主要是每年的3—5月份以及9月份；收获机械的销售旺季在4—9月份。不同地区销售旺季略有差别，这与当地的农作物品种、播种时间、收割时间有关，一般情况下农机销售旺季在农忙前一段时间就开始了。

第四节　现代农机企业的现状

(一)国外知名农机企业

目前国外主要的农机企业见表1-3，有年销售收入在百亿美元级的约翰迪尔(John Deere)公司和凯斯纽荷兰(CASE NEW HOLLAND)公司，年销售收入在几十亿美元级的爱科(AGCO)公司、久保田(Kubota)公司和克拉斯(CLAAS)农机公司，年销售收入在几亿美元级的赛迈·道依兹-法尔(Same Deutz-Fahr)公司、库恩(Kuhn)公司、挪威格兰(Kverneland)公司以及日本、韩国、独联体国家(Commonwealth of Independent States，CIS)、印度等国的其他农机企业。

表1-3　国外知名企业汇总表

国别	知名企业
美国	凯斯纽荷兰(CASE NEW HOLLAND)、约翰迪尔(John Deere)、爱科(AGCO)、皮凯德(PICKETT)、满胜(MONOSEM)、阿尔斯波(OXBO)
德国	雷肯(LEMKEN)、克拉斯(CLAAS)、格力莫(GRIMME)
法国	库恩(Kuhn)、格力格尔-贝松(GREGOIRE-BESSON)、布光(BOURGOIN)
意大利	纽荷兰(New Holland)、赛迈·道依茨-法尔(Same Deutz-Fah)、马斯奇奥(MASCHIO)、兰迪尼·拉韦尔达(LANDINI-LAVERDA)
日本	久保田(Kubota)、洋马(YANMAR)、井关(ISEKI)、三菱农机(MITSUBISHI)
韩国	国际综合机械株式会社(KUKJE MACHINERY)、东洋株式会社(TONG YANG)、大同工业株式会社(DAEDONG)

在我国设立农机制造企业的国际农机集团主要有CNH全球有限公司(美国)、约翰迪尔公司(美国)、纽荷兰(意大利)、爱科集团(美国)、洋马集团(日本)等;主要分布在我国东北、华北、华东地区;农机产品主要集中在拖拉机系列及配件、联合收割机、发动机及动力传动系统、插秧机等;设立形式主要以外商独资为主。下面主要介绍5个国际知名农机企业。

1. 凯斯纽荷兰全球有限公司

凯斯纽荷兰(CNH)全球有限公司是由纽荷兰公司和凯斯公司在1999年合并而成。两大公司合并后,其农用拖拉机和联合收割机的生产世界排名第一,工程机械生产列世界第三。在其LOGO中,C代表凯斯,而NH则代表着纽荷兰。CNH公司总部设在美国,生产以Case(凯斯)和New Holland(纽荷兰)品牌的农业设备以及Steyr拖拉机,还生产其他多种交通、工程机械设备。CNH当前雇佣员工有6.3万人,分布在世界180个国家和地区,有64个生产工厂和49个研究发展中心。

2. 约翰迪尔公司

约翰迪尔公司的历史可追溯到1837年,由约翰迪尔(John Deere)先生创立,1868年开始使用“Deem & Company”这一公司名称,是世界最大的农业和林业领域先进产品和服务的供应商,《财富》世界500强之一。约翰迪尔公司员工全球有4.7万人,总部位于美国伊利诺依州莫林市。目前在我国天津、哈尔滨、宁波、佳木斯等地设有分厂,并且与天津拖拉机制造有限公司、徐州工程机械集团有限公司挖掘机械事业部等合资建厂。

3. 爱科公司

美国爱科公司是世界第三大农机巨头,《财富》500强企业,公司成立于1990年,之后成功收购诸多世界知名农机企业,如1994年收购英国福格森公司,1997年收购德国芬特拖拉机公司,1999年收购美国海斯顿牧草和青贮饮料机械工厂,2001年收购美国卡特匹勒挑战者橡胶履带拖拉机工厂,2003年收购芬兰维美德拖拉机有限公司。公司在全世界拥有8 000多个独立的经销商,产品遍及世界150多个国家和地区,向世界各地用户提供现代化农业机械产品和全方位的服务。

4. 久保田公司

久保田集团创立于1890年，是日本最大的农业机械制造商，在亚洲、美洲、欧洲各国全方位地提供农机产品和服务，共有150家子公司以及20家关联公司，在农业机械、小型建筑机械、小型柴油发动机、铸铁管等领域处于世界前列。

5. 克拉斯农机公司

德国克拉斯农机公司是世界著名的农牧业机械和农用车辆制造商，产品主要有联合收割机、自走式青贮收获机、甘蔗收获机、农用运输机械、拖拉机和割草机、搂草机、翻晒机、打捆机，此外CLAAS还生产农用牵引车辆、汽车及航天工业机械制造系统的整部件等。克拉斯公司总部坐落在德国哈斯文克市，是全球的农机研发中心和生产网络基地，在德国有5个生产厂，德国以外有5个生产基地。自公司创立起，不断研发和生产出性能好、质量高、可靠性强的农业机械，克拉斯公司产品的性能和质量始终居于世界领先地位。

(二)国内知名农机企业

在我国农业机械行业形势较好的时候，很多行业的外企，比如工程机械企业、汽车企业，甚至一些投资机构纷纷涉足农业机械制造领域。我国农机产品生产厂家在2014年曾达到2 400多家，大型企业主要有中国一拖集团有限公司、福田雷沃国际重工股份有限公司、山东时风(集团)有限责任公司、山东潍坊鲁中拖拉机有限公司、常柴股份有限公司、海山机械制造有限公司等。由于近年来国内外经济形势不景气，国内市场和出口市场均受到影响，淘汰出局了一些抗风险能力差、产品质量不过关以及一些无利可图的投资机构和中小型企业。

目前，我国农业机械生产厂家主要集中于农业机械及园艺机具、农副食品加工专用设备、农林牧渔机械配件制造、拖拉机制造等领域。下面主要介绍我国10个知名农机企业。

1. 中国一拖集团有限公司

中国一拖集团有限公司(以下简称“中国一拖”)前身为中国第一拖拉机制造

厂，是国家“一五”时期156个重点建设项目之一。1955年开工建设，1959年建成投产，现为中国机械工业集团有限公司子公司。新中国第一台拖拉机、第一辆军用越野载重汽车在这里诞生。建成投产60多年来，共生产拖拉机、柴油机等各种装备360多万台和260余万台动力机械，拥有中国驰名商标“东方红”。经过60多年的发展，已成为我国规模最大、技术最先进、综合实力最强的农机生产企业。为我国“三农”建设和国家农业机械化发展做出了积极贡献。

2.福田雷沃国际重工股份有限公司

福田雷沃国际重工股份有限公司（简称“福田雷沃重工”）是一家以工程机械、农业装备、车辆、核心零部件为主体业务的大型产业装备制造企业，拥有完善的核心零部件产业链。福田雷沃重工凭借在“内涵增长、结构调整、全球化”方面的卓越表现，2014年“雷沃”品牌评估价值攀升至264.98亿元。2019年在中国制造业企业500强中列第432位。公司被认定为“国家重点高新技术企业”，公司工程技术研究院被认定为“国家认定企业技术中心”。

3.常柴股份有限公司

常柴股份有限公司是具有一百多年历史的民族工业企业，是中国最早的内燃机专业制造商之一，主要生产中小功率柴油机，功率范围为1.62～117.6 kW，共有1 000多个品种，产品广泛应用于皮卡、轻卡、低速载货汽车、拖拉机、收割机、园艺机械、植保机械、高速插秧机、发电机组、工程机械、冷链及船舶等领域。同时，常柴股份有限公司也是全国农机行业及常州市第一家上市公司，目前同时拥有A股和B股，具有年产80万台柴油机、5万余吨铸件、20万台汽油机生产能力。至今已累计生产柴油机3 000多万台，并曾先后出口到78个国家和地区，国内市场占有率居行业第一。

4.山东五征集团有限公司

山东五征集团有限公司前身是成立于1961年的县级拖拉机站，历经近半个世纪的发展，现已形成农用车、汽车、专用车、农业装备和现代农业五大主导产业，拥有三大制造事业部，总资产89亿元，员工14 000人，是中国机械制造重点骨干企业之一。具有十大农用车、农用运输车品牌，获得山东省著名商标，山东名牌，山东省管理创新十佳企业，是行业龙头企业。

5. 山东时风(集团)有限责任公司

山东时风有限责任公司成立于 1993 年，是一个以农用车为主业、多元化经营的大型企业集团，主导产品为三轮农用车、四轮农用车、拖拉机、发动机、联合收割机、三轮汽车、轻卡汽车、电动三轮车、摩托车、纯电动厢式运输车等。山东时风(集团)有限责任公司下设六大产业园，具有年产农用汽车 100 万辆、轻卡汽车 8 万辆、电动车 20 万辆、发动机 150 万台、拖拉机 30 万台、轮胎 880 万套、联合收割机 2 万台的生产能力。其下设有时风研究院。公司拥有 1 500 多个营销网点和 2 000 多家配套企业，形成“买全国、卖全国”的供应配套网络和营销网络，产品远销美国、墨西哥、阿尔巴尼亚等 50 多个国家和地区。

6. 中联重机股份有限公司

中联重机股份有限公司前身为创立于 2011 年的奇瑞重工股份有限公司，是一家以农业装备为主营业务，集海洋装备、工程机械、专用车辆、农业装备及与之配套的动力总成、核心部件的研发、制造、销售、服务于一体的大型现代化企业。覆盖研发、制造、销售、物流、服务等全价值链业务运营。具有中国知名收割机品牌，消费者青睐品牌，是芜湖市优秀民营企业，高新技术企业，重合同守信用企业，诚信经营单位。

7. 常州东风农机集团有限公司

常州东风农机集团有限公司始建于 1952 年，是一家致力于研发生产拖拉机及各类农机具的国家大型专业农机生产企业。是中国大中型轮式拖拉机、手扶拖拉机专业生产基地之一。目前公司每年以 20%～30% 的速度发展，东风牌轮式拖拉机产品产销位列全国同行业第 3 位，25～60 马力轮式拖拉机产销量和出口量居全国同行第一，是中国拖拉机工业具有影响力的企业之一。企业年销售收入从改制初期的 1.8 亿元，发展到现在的 25 亿元，并成功跻身《中国机械工业百强企业》。拥有拖拉机十大品牌，农用车十大品牌，中国驰名商标，最具市场竞争力品牌，中国机电商会推荐出口品牌。

8. 天津勇猛机械制造有限公司

天津勇猛机械制造有限公司，是集研发、制造、销售、服务为一体的玉米收获机械专业制造商。勇猛机械是中国知名收割机品牌，创立于2010年，是北京亨运通机械有限公司顺应市场发展，为进一步扩大产能，在美丽的海滨城市天津市宝坻九园工业开发区建设的玉米收获机械制造基地。公司大力推进玉米收获机前沿科技研究，自主研发并形成了自走式玉米收获机，茎穗兼收和青饲料收获机三大产品体系。

9. 山东常林机械集团股份有限公司

山东常林机械集团股份有限公司是中国最大的500家机械工业企业之一，控股经营常林农业装备、常林铸业等公司，拥有农业机械、工程机械、高精度铸造、高端液压四大核心业务板块，是集生产、研发、销售为一体，多元化发展的国家大型高新技术企业、中国机械工业百强企业，下设常林道依茨法尔、常林农装、常林铸业、中川液压等9个子公司。其产品获得拖拉机十大品牌，中国驰名商标，山东省名牌，中国机械工业名牌，农民最喜爱的拖拉机品牌之一，最具市场竞争力品牌，全国守合同重信用企业等称号。“沭河”品牌和商标分别为中国名牌和中国驰名商标。

10. 山东巨明机械有限公司

山东巨明机械有限公司是一家长期致力于研发、制造、销售、服务为一体的现代农机装备制造企业，主要产品有：小麦、玉米、水稻、大豆、油菜联合收割机和大型饲料青贮机械系列产品。是国家重点农机装备制造企业，收获机械以规模、市场占有率、企业效益居全国同行业前列。产品先后荣获知名收割机品牌山东名牌、山东省著名商标、“产品质量国家免检”“全国农民满意农机产品”等荣誉称号。企业被评为“省级重合同守信用企业”“银行信用AAA企业”“中国农机具50强企业”；是收割机制造企业率先通过ISO9001国际质量体系认证企业。

第五节　新型市场营销观念

市场营销观念是指企业进行经营决策，组织管理市场营销活动的基本指导思想，也就是企业的经营哲学。它是一种观念，一种态度，也是一种企业思维方式。其核心是如何正确处理企业、顾客和社会三者之间的利益关系。它们既相互矛盾，也相辅相成，其基本轨迹是由企业利益导向转变为顾客利益导向，再发展到社会利益导向。

20 世纪是市场营销领域从孕育、生长到大发展的世纪，是营销管理思想不断创新与丰富的世纪。市场营销观念经历了从生产观念、产品观念、推销观念、市场营销观念再到社会营销观念的发展。营销界大约每隔 10 年就会产生创新的思想、创新的做法，在经济、社会、文化、技术等多种因素的共同作用下涌现出了关系营销、绿色营销、文化营销、整体营销等多种新型营销观念，并且不断推陈出新，强调"以消费者需求为中心，以市场为出发点"，认为顾客是企业营销活动的起点和终点，被称之为"新营销"。这种观念导向型企业的营销特点不再是为自己的产品找到合适的顾客，而是为顾客设计合适的产品。市场营销观念随着企业和市场的发展而发展，下面主要介绍几种市场营销观念。

(一)关系营销观念

关系营销是以系统论为基本指导思想，将企业置身于社会经济大环境中来考察企业的市场营销活动，认为企业营销乃是一个与消费者、竞争者、供应商、中间商、政府机构和社会组织发生互动作用的过程。正确处理与这些个人和组织的关系是企业营销的核心，是企业成败的关键。在宏观上，认识到市场营销会对范围很广的一系列领域产生影响，包括顾客市场、供应市场、内部市场、相关市场及"影响者"市场。在微观上，认识到企业与顾客相互关系的性质在不断改变，市场营销的核心从交易转到了关系。贝瑞和帕拉苏拉曼归纳了 3 种创造顾客价值的关系营销层次：一级财务层次营销，主要运用财务方面的手段，使用价格来刺激目标公众以增加企业收益；二级社交层次营销，主要表现为建立顾客组织，企业利用数据库建立顾客档案来与顾客保持长久的联系；三级结构层次营销，要求企业为交易伙伴提供有价值的服务，但交易伙伴不能通过其他来源得到这种服务。

（二）绿色营销观念

绿色营销观念就是指企业必须把消费者的需求、企业的利益和环保利益三者有机地结合起来，必须充分估计资源环保问题，从产品设计、生产、销售到使用的整个营销过程都要考虑到资源的节约利用和环保利益，做到安全、卫生、无公害的一种营销观念。企业在充分满足消费需求、争取适度利润和发展水平的同时，注重自然生态平衡，减少环境污染，保护和节约自然资源，维护人类社会长远利益及其长久发展，将环境保护视为企业发展的条件和机会的一种新型营销观念和活动。具体来说，绿色营销就是企业通过市场交换过程满足人们的绿色消费需求，促进经济和生态的协调发展所进行的市场调查、产品开发、定价、分销和促销以及售后服务等一系列的整体经营活动过程。绿色营销的宗旨是节约材料，保护地球的资源，防止生态污染和恶化，确保人们使用产品的安全、卫生、方便，以提高人们的生活质量和洁净人们的身心，提高人们的健康水平，引导人们进行绿色消费，培养环境保护意识，优化生存空间。

（三）文化营销观念

文化营销是利用企业文化力进行营销，内塑文化营销理念，外塑文化营销形象，两者在具体的市场运作中，相互融合而形成的一种营销模式。或者简单地说，文化营销就是利用文化要素启动市场、改进销售方式和手段。主要具备 3 个特点：①时代性。社会发展到每个阶段，都会形成不同的社会精神，如改革开放的时代精神。文化营销与时代精神的结合必然能够赢得市场。②区域性。因民族、宗教、习俗、语言文字等文化差异造成的营销对象、营销方式等的差别。在企业营销活动中需要考虑到区域文化特点，做好不同文化之间的沟通与交流，消除障碍才能实现文化营销。③开放性。文化理念、文化资源等对处理关系营销中的亲缘关系、地缘关系、文化习俗关系、业缘关系等多种营销关系都有实际的指导意义，有助于在文化层次上建立起更稳固的关系。

(四)整体营销观念

1992年美国市场营销学界的权威菲利普·科特勒提出了跨世纪的营销新观念——整体营销,其核心是从长远利益出发,企业的营销活动应囊括构成其内部环境、外部环境的所有重要行为者:供应商、分销商、最终顾客、职员、财务公司、政府、同盟者、竞争者、传媒与一般大众。企业的营销活动就是要从这10个方面进行。

1. 供应商营销

把供应商看作合作伙伴,设法帮助他们提高供货质量和及时供货。一是要确定严格的资格标准以选择优秀的供应商;二是积极争取那些成绩卓著的供应商使其成为自己的合作者。

2. 分销商营销

开展分销商营销,以获取他们主动或被动支持。一是进行"正面营销",即与分销商展开直接交流与合作;二是进行"侧面营销",即公司设法绕开分销商的主观偏好,而以密集广告、质量改进等手段建立、维持、巩固的顾客偏好,从而迫使分销商购买该品牌产品。

3. 最终顾客营销

公司通过市场调查,确认并服务于某一特定的目标顾客群的活动过程。

4. 职员营销

职员营销也称"内部营销"。职员是公司形象的代表和服务的真实提供者。职员对公司是否满意,直接影响着他的工作积极性,影响着顾客的满意度,进而影响着公司利润。一方面要求通过培训提高职员的服务水平,增强敏感性,增加与顾客融洽相处的技巧;另一方面,要求强化与职员的沟通,理解并满足他们的需求,激励他们在工作中发挥最大潜能。

5. 财务公司营销

公司的资金能力取决于它在财务公司及其他金融机构的资信。公司需了解金融机构对它的资信评价,并通过年度报表、业务计划等工具影响其看法,这其中的技巧就构成了财务公司营销。

6. 政府营销

开展政府营销，以促使其制定有利于公司营销的法规、政策等，已成为众多公司营销活动中的内容。

7. 同盟者营销

因为市场在全球范围的扩展，寻求同盟者对公司来说日益重要。关键要识别、赢得并维持同盟者，以取得最大的合作效益。

8. 竞争者营销

竞争者可以转变为合作者，只要“管理”得当，这种对竞争者施以管理，以形成最佳竞争格局、取得最大竞争收益的过程就是“竞争者营销”。

9. 传媒营销

大众传媒，如广播、报刊、电视等直接影响公司的大众形象和声誉，公司甚至得受它摆布。传媒营销的目的就在于鼓励传媒做有利于公司的宣传，要尽量赢得传媒的信任和好感，淡化不利的宣传。

10. 大众营销

大众对公司的营销起着至关重要的作用，公司逐渐体会到大众看法对其生存与发展有至关重要的影响。为获得大众喜爱，公司必须广泛搜集公众意见，确定他们关注的新焦点，并有针对性地设计一些方案，加强与公众的交流，赢得公众的关注和支持。

练习与思考

1. 填空题

(1)市场三要素是________、________、________。

(2)现代市场营销概念中的核心要素是____________。

(3)农业动力机械有________、________、________、________、________。

(4)现代营销观念有___________、___________、___________、___________。

(5)可再生能源利用设备有______________、______________、______________、___________。

2.简答题

(1)说明农业作业机械的分类情况。

(2)简述我国农机市场现状与特点。

(3)简述市场营销观念的概念。

(4)简述我国农机市场与国外农机市场的主要差异。

(5)现代营销观念如何影响企业营销?

(6)说明需要哪些条件才能构成较为成熟的农机市场?

(7)什么是客户满意度?企业如何提高客户的满意度?

(8)比较推销观念、生产观念、产品观念的异同。

第二章

制定农机市场营销策略

学习目标

1. 掌握现代农机市场产品分类。
2. 学会选择目标市场。
3. 熟悉农机产品及组合产品分析。
4. 能够制定市场营销策略。
5. 熟悉产品品牌策略分析。

学习要求

能力目标	知识要点	权重/%
了解常见农机产品的分类	排灌机械的种类，耕整机械的分类，植保机械的分类	35
掌握选择目标农机市场的目的	掌握新特优产品与推广方式；了解大型优良客户营销策略；策划制定项目营销方案	65

第一节 现代农机市场产品细分

1.耕整机械

耕整机械(图2-1)主要有铧式犁、翻转犁、圆盘犁、旋耕机、松土机、灭茬机、平地机、挖坑机、开沟起垄机、联合整地机、圆盘耙、镇压器等,下面主要介绍两种常用的整地机械。

小型挖坑机:其具有操作简单、携带方便、易上手、成本低等特点,深受广大农民朋友的喜爱和好评。

松土机:其主要由电动机、减速齿轮、行走机构、松土刀、深度调节机构等组成。电动机提供动力,通过联轴器与减速齿轮轴连接。工作部件由刀盘和立式松土刀组成,分为两组,由减速齿轮带动。深度调节机构由手柄、链轮及链条组成,通过改变机架的高度实现松土深度的调节。

a. 小型挖坑机

b. 多功能单轮手推松土机

图2-1 耕整机械

2.植保机械

常见植保机械(图2-2)有中耕机、除草机、烟雾机、喷雾器、剪草机、喷粉机、割草机、农用无人机等。

a. 烟雾机

b. 小型中耕机

c. 农用无人机

图 2-2　植保机械

3. 排灌机械

排灌机械(图 2-3)及主要的配件有喷灌系统、滴灌系统、微喷系统、温室大棚系统、过滤器、PE 管材管件、PVC 管材管件、出水口(阀)喷头、喷枪、水泵等。

①喷灌系统:其是利用机械和动力设备,将有压水流通过喷头喷射到空中,呈雨滴状散落在田间及农作物上的农田灌溉设备。其灌溉用水可经水泵增压,也可利用高水位水源的自然落差。用水泵增压的喷灌设备包括动力机、水泵、输水管道和喷头等部分;利用自然落差的喷灌设备可不用动力机和水泵。

②滴灌系统:其主要包括管上滴头、滴灌带、滴灌管。滴灌带有连续贴片式、边缝式、双壁式、内镶片式。滴灌管分内镶片式及内镶柱状式。滴灌灌水器还分非压力补偿式及压力补偿式。滴灌设备主要应用于宽行、高经济价值的作物,如果树、棉花、土豆、蔬菜、苗圃、温室作物等的灌溉,还应用于林业种苗及园林乔

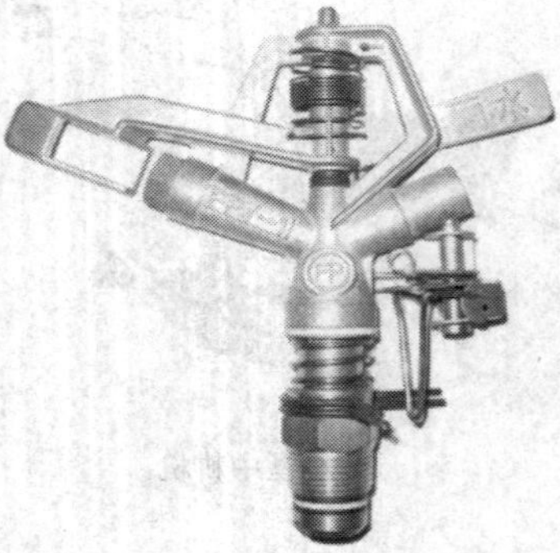

a. 大田喷头

b. 可调式滴头

图 2-3　排灌机械

木、灌木、花卉等的灌溉。滴灌技术可节约用水、节省工时、节约肥料、促进农作物高产优质。滴灌系统用水必须过滤，并配施肥装置。

4. 动力输送机械

常见的动力输送机械（图 2-4）有汽油机、柴油机、电动机、拖拉机、装卸车、升降台、输送机、提升机、给料机、装载机、叉车等。

a. 中型拖拉机

b. 小型施肥机

图 2-4　中型拖拉机与小型施肥机

5. 种植、施肥机械

常见的种植、施肥机械有播种机、条播机、穴播机、栽植机、插秧机（图 2-5）、移栽机、施肥机、追肥机、地膜机等。

a. 乘坐式插秧机　　　　b. 无人驾驶高速插秧机

图 2-5　插秧机

6. 收获机械

常见的收获机械有收割机（图 2-6）、收获机、脱粒机、摘果机、打捆机、剥壳机、清选机、干燥机、仓储设备、种子加工机等。

图 2-6　收割机

7. 粮油机械

粮油机械主要有碾米机（图 2-7）、抛光机、分级筛、去石机、谷糙分离机、榨油机、预榨机、精炼设备、浸出设备、米粉设备、粮油干燥设备、粮油包装设备、粮油仪器、碾米成套设备等。

8. 果蔬机械

果蔬机械主要有选果机、去核机、预煮机、分级机、水果分选机（图 2-8）、果蔬打浆机、果蔬破碎机、果蔬清洗机、果蔬榨汁机、果蔬打蜡机、果蔬保鲜设备等。

图 2-7　碾米机

图 2-8　水果分选机

9. 饲料机械

常见的饲料机械有混合机、制粒机、粉碎机(图 2-9)、干燥机、分级设备、冷却喷涂机、包装配料机、除尘清理机、饲料成套设备等。

图 2-9　粉碎机

10. 畜牧饲养机械

常见的畜牧饲养机械有养鸡设备、养猪设备、孵化设备、风机系列、供暖设备、水产养殖设备、抓捕设备、屠宰设备等。

11. 棉花机械

棉花机械有梳理机、弹花机、轧花机、提绒机组、棉花打包机等。

12. 茶叶机械

茶叶机械有揉捻机(图 2-10)、炒茶机、烘干机、提香机、真空包装机等。

13. 肥料机械

肥料机械有施肥机械(图 2-11),肥料粉碎设备、干燥设备、冷却设备、制粒设备、筛分设备、混合搅拌设备、定量包装肥料生产线。

揉捻机

图 2-10　茶叶机械

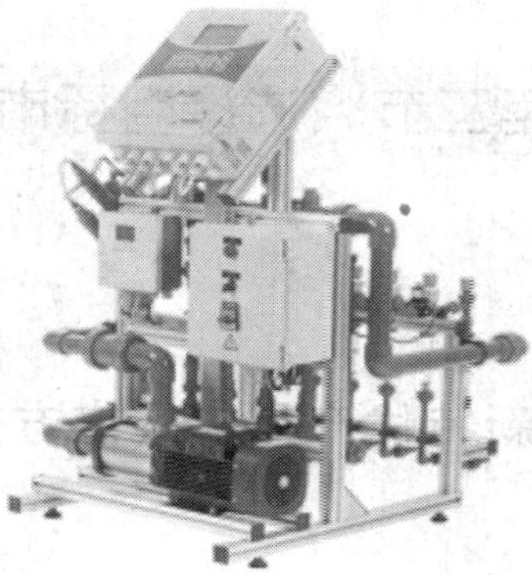

小型施肥机

图 2-11　施肥机械

14. 农业机械配件

农业机械配件（图 2-12）主要有收获机配件、微耕机配件 、旋耕机配件、插秧机配件、农用车配件、割草机配件、拖拉机配件、农业仪器等。

a. 三角履带轮履带总成

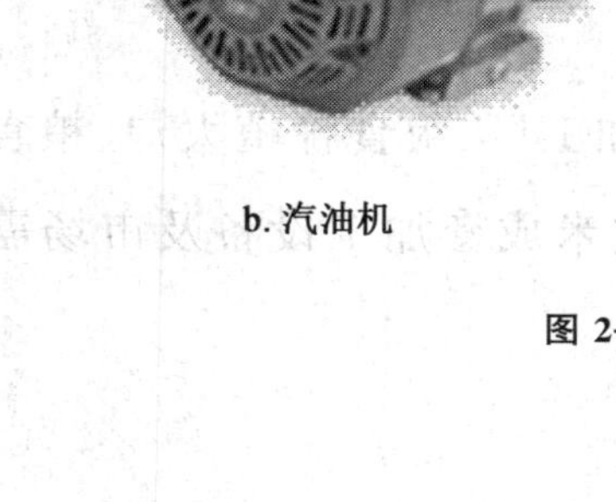

b. 汽油机

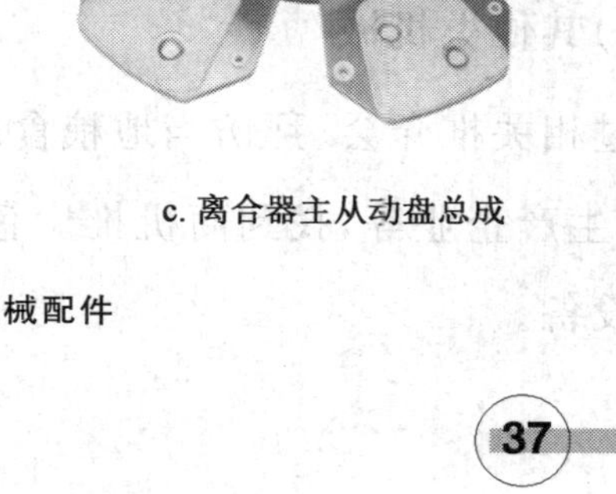

c. 离合器主从动盘总成

图 2-12　农业机械配件

第二节 选择目标市场

一、新特优产品与推广方式

(一)畜牧机械

通过与畜牧部门、养殖户的对接,了解市场需求及相关项目资源,对畜牧养殖的污水处理(日本技术智能一体化污水处理设备)、粪污处理、无害化处理、有机肥制作(有机肥发酵罐)、青储收割(顶呱呱收割机等)、青储加工(压捆、包膜)、抓草机(可抓草、装卸)、饲养(饲养新设备)、铡草、揉丝及国外相关先进设备进行重点推进。

(二)秸秆综合利用

通过与各级农机推广站、土肥站和乡镇、贫困村等的对接,对秸秆处理机械(拖拉机带秸秆还田机、艾禾收割机带打捆作业、拖拉机带铡草机、拖拉机带旋耕机、拖拉机带旋转搂草机、拖拉机带打捆机、抓草机、运输设备等)进行宣传,同时对农业部门提出全程解决方案,并寻找项目机会,配合相关部门开好现场演示会。

(三)经济作物全程机械化

通过对各级经作站、蔬菜办、农安办等部门宣传,加强对经济作物的耕地机械(大棚王拖拉机、遥控履带旋耕机)、蔬菜移栽机、蔬菜起垄机、药材挖掘机、剪枝机、套袋机、除草机、植保机械(植保飞机、遥控类植保机械产品等)、采摘机械、施肥机械、农产品初加工(冷藏、烘干、清选、包装等环节)等设备的推广和普及力度。

(四)其他类机械

通过相关推介会、拜访当地粮食局、粮食加工厂、粮食种植大户、粮食流通企业、塑料生产企业等,找到商机推广色选机、大米成套加工设备及市场需求的其他机械设备。

二、大型优良客户营销策划

大客户是实现企业利润和可持续发展的重要的保障之一，对于企业的生存和发展具有极其重要的战略意义，对大客户的识别、开发与持续经营，已经成为农机行业竞争的焦点。农机销售的大客户模式，通过多种形式的营销手段，从而达到最大限度促进销售的目的，为企业带来持续稳定的销售业绩，这点是非常重要的。大客户营销策略具体实施步骤如下。

(一)选定对象

川东地处丘陵地带，实施的是种植＋养殖的农业模式。种植业以种植粮油、经济果林作物、药材、蔬菜为主；养殖业以养猪、养羊、养牛为主。有种植合作社、农业公司、农机合作社、养殖合作社、养殖公司等企业从事种植、养殖、社会化服务、观光农业等经营活动。目前，这些企业发展相对比较快，而且企业数量也在不断增加。因此，现代农机经营企业应当站在一个客户立场上，去为客户规划相应的农业生产全程机械化方案，本着为客户着想、为客户赚钱、为客户减少成本的理念，以吉峰农机“全员服务、全程服务、诚信服务”的企业服务宗旨为基础，推动新的产品销售和服务。

农机企业还要寻找优质领头客户，通过对客户进行深入调研和拜访，掌握领头客户的需求并进行统计汇总，为客户提出可行性解决方案。

(二)营销方案

1. 初步接触

首先在初次接触前，对已经选定的企业进行调研，分析这些企业潜在客户的购买需求。同时充分了解本公司产品的优、劣势，想好如何解答客户提出的问题，以便使客户最大限度地认可本公司。

拜访的目标一般是企业负责人、企业技术人员。初次拜访最好能通过关系的引见，这样有助于拜访的成功。拜访时需要携带齐全公司产品相关的资料。

2. 初次拜访期望达成的结果

通过对客户的认识和讲解，能让客户了解、认识企业所经营的范围、产品种类、产品性能、产品质量和能为客户提供的服务。

3. 产品展示

通过与相关负责人的初步接触认识，生产者获得了向相关单位展示其产品的机会，如何充分利用展示的机会，使这些潜在的客户成为销售项目的最终客户，就成了最重要的工作。

(1)给相关负责人推送相关产品资料，发放产品图片、视频、参数等产品信息，或通过现场讲解等售前服务对客户进行有效解答。

(2)制作相关大客户专用的表单，重点突出客户需求、客户规模、客户当地政府管理部门等相关信息，为下一步推广做好准备。

4. 实现销售

通过前面的工作，已使客户对产品信息有了充分的了解，如何促使其实现最终的购买，可采取对需求客户以实地考察、厂家讲解、政策分析、效益分析、资源利用、现场推广等方式组织相应活动，最终促进产品销售成功。

第三节 产品品牌策略分析

项目营销是推动公司利润增长的重要途径，针对川东地区近年来的项目分析，项目资金增加。公司有关人员应积极跟踪了解项目信息，对项目主管部门进行跟踪拜访，争取项目方案编制与项目实施方式控制。

(一)相关项目名称

相关项目的种类和名称多种多样，如产粮大县奖励资金、产粮大市奖励资金、产油大县奖励资金、植保相关项目、制种大县项目、土豆种植项目、果蔬种植推广项目、农村一二三产业融合发展项目、农村秸秆综合利用项目、畜禽粪污综合利用项目、生猪调出大县奖励资金、粮食产后服务体系建设项目、优质粮食工程项目、全程机械化示范项目、环保相关项目等名称。

(二)相关项目单位

参与项目的单位主要有:

①农业局的农技站、土肥站、种子站、农经站、农安股、植保站、经作站、蔬菜办等部门。

②畜牧局的相关部门。

③粮食局的相关部门。

④扶贫移民局。

⑤环保局。

⑥各乡镇政府。

⑦各区域内贫困村村委会。

⑧其他相关有机会、可参与的项目主管部门。

(三)政府项目分析与跟进方式

第一,具备良好产品技术基础,对公司的产品和参与的项目非常了解,至少要达到一个准专家的程度,因为大部分政府领导都是专业技术人员出身,很懂技术,熟知有关业务。第二,个人品质。有的项目周期会比较长,整个项目过程中会和各级领导接触。甚至会与有些主要领导接触多次,通过多次接触他会对你的能力和人品有所了解。销售的最高层次不需要任何手段。关键是你的人品让对方了解和认可,同时你又可以让对方放心地实现对项目的期望,这时对方基本上就会倾向于你所在的公司和项目,同时也会成为你的朋友。让对方了解你的人品需要一个过程,这个过程怎么才会缩到最短的时间,就靠你的经验和知识了,用尽你的知识和阅历培养和对方的共同语言、共同爱好,让对方认可。人的品质是一个综合体(包括知识、信用程度、综合素质等),其提高并不是短时间内可以完成的,销售人员必须知道自身的优、缺点,不断克服自己的缺点和完善自己的性格。只要做好这两点,对于增强自信心,做好销售工作会非常有益。

第四节　农机产品及组合产品分析

现阶段川渝地区农机流通市场以抢夺已有市场、挤压竞争对手、削弱市场开发功能、牺牲服务质量的价格竞争为主要特点的“红海现象”十分突出。要开创新的蓝海，实现农机流通市场的可持续发展，必须以持续创新为基础，不断提升顾客（农机购买者）价值，不断提升农机销售服务商的经济效益，实现农机流通市场的有序竞争。

1. 以品类系列化经营为基点，寻求农机产品细分市场的有效组合

农机流通企业根据自身的资本实力、人力资源状况，坚决摒弃普遍存在的“大而全”“小而全”的现象，形成企业之间各自产品经营的品类系列化特色，寻求细分市场组合的差异化。一般来讲，现阶段川渝地区农机流通企业可根据以下细分变量（图 2-13）来对农机流通产品市场进行细分，销售商可以选择的最优组合应该是：①现有市场上销售商数量较少；②细分市场上尚未形成强有力的寡头；③上游（供方）资金方面容易获取支持；④现阶段价格竞争尚不激烈；⑤与现有主体业务在资金、人员需求的时间方面冲突不大。这 5 项细分要素的不同组合可以有效地减少经营的同质化现象，从而为降低恶性竞争程度奠定良好的基础。

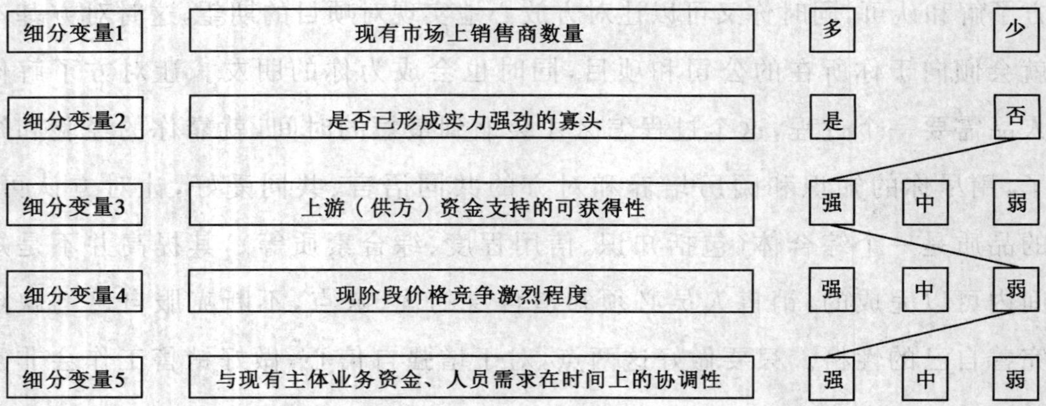

图 2-13　农机流通产品细分市场优先选择组合图

2. 以提升顾客价值为基点，重塑农机流通营销价值链

在传统农机营销模式下，由于假冒伪劣产品充斥市场，无序竞争、后续服务保障程度较差等一系列原因，总顾客成本严重偏高，从而大大影响购机顾客的利益并挫伤购机户的购买热情。从农机流通行业的现状看，现阶段提升顾客让渡价值最重要的途径在于：在总顾客价值不发生大变化的前提下尽可能降低顾客在选择产品、获得和使用产品、后续服务和再出售等多个环节所形成的总顾客成本（表 2-1）。

表 2-1 新营销模式下降低总顾客成本路径

序号	顾客主要活动链	主要成本项目	传统营销模式		新营销模式	
			基本情况	对成本的影响（增加、维持、降低）	基本情况	对成本的影响（增加、维持、降低）
1	产品信息的获得	寻找成本	途径少	↑	多样化途径（如电视、报纸、网络、演示会等）	↓
2	经销商的选择	寻找成本	同质化竞争商户很多	↑	集团化、连锁化流通企业成为主导	↓
3	生产企业、销售商的持续支持	（服务保障性）风险成本	假冒伪劣产品充斥，企业破产、转产频繁	↑↑	名优产品、规模化销售商成为主导	↓↓
4	垂直一体化服务网络的支持	（服务及时性）时间成本	服务网络集中在中心城市所在地，服务及时性差	↑↑	网络化、连锁化的基层服务网络逐步健全	↓↓
5	产品再出售（二手产品交易）市场	货币成本	以私下自发交易为主导	↑	有组织的二手产品交易市场、行业协会日趋成熟	↓
总顾客成本			↑↑↑		↓↓↓	

3. 以提升企业价值（效益）为基点，重构核心业务流程

在现阶段农机流通企业经营规模偏小和竞争较为恶劣的态势下，企业价值（效益）普遍被过度透支，企业的可持续发展能力受到较大抑制。根据迈克尔·波特（Michael Porter）关于价值链的相关理论，对构成农机流通企业业务开展的一系列支持活动（包括公司的计划、财务、法律、公共事务管理等基础活动、人力

资源管理、新产品新项目开发、采购营运等）进行规范化、系统化设计，对各项业务流程实施平滑化管理，从而实现企业整体价值的全面提升。具体路径见表2-2。

表 2-2 新营销模式下提升企业价值路径图

序号	企业业务支持性活动链	传统营销模式		新营销模式	
		基本做法	对企业价值（效益）的影响	基本做法	对企业价值（效益）的影响
1	企业经营场址的选择	较为繁华的机电专业市场	单位面积场租成本高、营业面积受局限	城乡结合部的干线公路沿线	单位面积场租成本低，大卖场格局容易形成
2	企业形象及标准化体系建设	凌乱，没有章法	企业形象低水平的同质化	规范化的 CI 系统和制度建设	提升企业形象价值和可复制能力
3	专业化的人力资源管理	传统师徒式经验传授	人才成长周期长，人员配备难以系统化	以企业内训体系为主导、外训体系为支撑的人力资源提升体系	人力资本快速增值
4	新产品与新项目开发	计划性差、目标不明确	经营品类同质化严重	有计划的新产品、新项目开发	合理的业务组合，提升企业发展的稳定性
5	物流管理	多层级的批发系统	物流成本居高不下	以厂商协作的区域物流中心为主导，渠道层级扁平化	大大降低物流成本
6	采购管理	分散的、各自为战的厂商直接采购	采购成本较高	采购渠道整合，打造各种类型的采购联盟（或联合体）	提升采购规模效益

4. *以价值创新为主导，推行农机营销蓝海战略*

正如 W. 钱 · 金（W. Chan Kim）和勒妮 · 莫博涅（Renée Mauborgne）在《蓝海战略》所指出的：当一个企业的行动对自身的成本结构和买方的价值主张都产生积极影响时，作为蓝海战略基石的价值创新就有可能得以实现。企业通过剔除和减少产业竞争所比拼的元素节省了成本，又通过增加和创造产业未曾提供的元素提升了买方价值。随着时间的延续，优越的价值带来高销售额，成就规模经济，并使成本进一步降低，从而开创出真正的“蓝海”。

通过本章前几部分对创新川渝地区农机流通市场营销模式的深入分析，一种全新的同时追求农机流通企业价值提升和总顾客成本降低、适应现阶段农机流通市场根本需求的营销战略路径日渐清晰，归纳起来，新战略的关键点是：①摒弃“大而全”“小而全”的经营品类同质化选择模式；②降低卖场选址靠近城市中心的程度；③增加经营品类系列化与名优品牌集中化；④卖场展示与售前指导和培训的多样化功能设置；⑤厂商一体化的售后服务保障能力；⑥大力推行网络化、连锁化的垂直一体化销售服务体系、产品再出售市场等。这些关键点构成农机流通市场新、旧营销战略模式的战略布局图（图 2-14）。

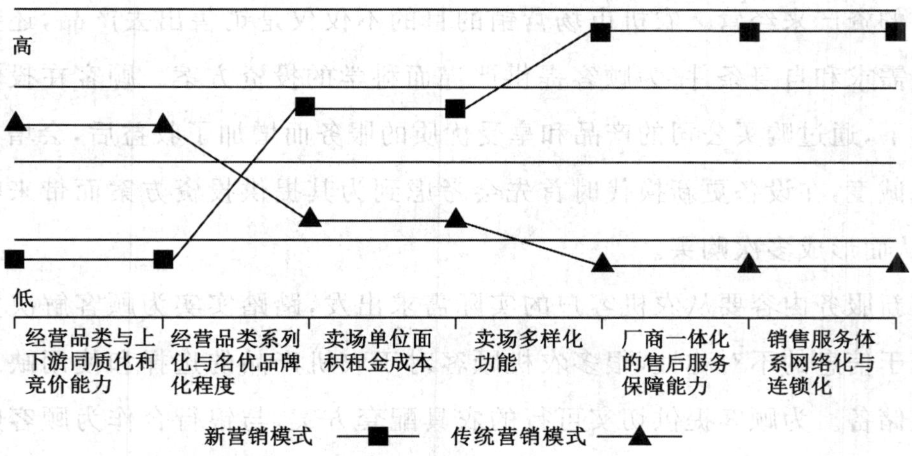

图 2-14　农机流通市场新、旧营销模式战略布局图

第五节　制定市场营销策略

农机服务营销是以服务营销理论为指导思想，基于维护客户终生价值考虑，以客户满意度为导向，树立全员性、全过程的服务理念来提高农机企业竞争能力的市场活动。

由于我国各地区地理环境、经济基础、市场需求、农机发展水平的差异性和不均衡性，造成了农机市场差异化需求的现状。随着农民生活水平和文化水平的日益提高，农机消费者的需求进一步个性化。能否满足个性化需求的服务将是未来市场竞争的关键。目前，我国的农机消费正进入高速增长期，国家出台了很多惠农政策，使得农业产业结构调整进一步加速。新观念、新种植模式层出不穷，这就要求农机企业能够审时度势，把握发展方向，为农机消费者提供更好的产品和服务，在为农机用户创造价值的过程中壮大和发展。

1. 现代农机行业服务营销策略应用——新服务内容面对农机市场全面而激烈的竞争态势，农机企业要想在竞争中战胜对手，吸引更多的潜在顾客，就必须以满足顾客的需求为出发点，最大限度地减少顾客的投资成本，增加顾客的利益，提供比竞争对手更多的顾客让渡价值的产品和服务。

2. 农机企业在提供常规服务的同时，要加大服务内容的创新力度，将客户当作企业的资产来经营。农机市场营销的目的不仅仅是销售出去产品，还要根据客户的需求和自身条件，为顾客提供严谨而科学的投资方案。顾客在投资方案的指导下，通过购买公司的产品和享受优质的服务而增加了收益后，会增加对企业的忠诚度，在设备更新换代时首先会考虑到为其提供投资方案而带来收益的企业，从而形成多次购买。

创新服务内容要从农机客户的实际需求出发，踏踏实实为顾客解决实际问题。由于信息的不对称性，很多农机顾客对于农机产品的选择和使用缺乏相关的知识储备。为顾客提供切实可行的农具配套方案，与银行合作为顾客购机提供融资渠道，为农机跨区作业的顾客提供信息和技术支持等，都不失为具有创新意义的服务内容。

3. 农机企业要不断创新和优化农机销售的方式方法，目前，客户对以下几种农机销售方式比较喜欢。

(1)示范销售法。农业机械是一种比较特殊的商品，性能复杂，比如联合收割机，就由动力、行走、收割、脱粒、清选、仓储等多个部分组成，所以，仅靠一本说明书是远远不够的，最好能采用现场示范操作，或让客户亲自动手，让客户“看得见，摸得着，得其法，见其效”，客户才能买得放心。

(2)搭配销售法。一个客户花上几万元甚至十几万元买上一台大型农业机械，尽管国家补贴逐年加大，可自己花得也不少。有的个体户顾客说：“买农机需要搭配的东西很多，除了希望搭配一些易损备件外，我们更企盼搭配单车核算账目、交通安全须知、农机的维修与保养等。”

(3)分期付款法。花那么多钱去买大型农业机械，许多客户一下子拿不出来，如果能采取分期付款的方法，同客户签订销售合同，让客户先交一部分款后，把农机提走，然后按合同逐年付清余款，这样不但客户乐意，厂家与经销商也可以赢得信誉，得到较高的利润。这种方法也较受客户朋友欢迎。

(4)以旧换新法。从目前的情况来看，部分地区客户手中的老旧农机在继续使用的仍不在少数。该耕地的耕不深，该脱粒的脱不净，该淘汰的照样使用，该报废的报废不了，既影响了农业机械的作业质量，又增加了不安全因素。虽然部分农机能够以旧换新，但旧农机折价太低，客户不太愿意。因此，客户企盼适当提高旧农机作价水平，适当让利于客户，就可以较好地解决这个问题，不但客户欢迎，厂家也可以扩大农村市场。

练习与思考

简答题

(1)常见的农机类型有哪几类？

(2)大型优良客户营销方案如何制定？

(3)项目营销策划方案中，相关单位有哪些？

(4)政府项目如何快速有效跟进？

(5)现阶段农机流通市场需求的营销战略路径有哪些？

(6)什么是农机服务营销？

(7)现阶段提升顾客让渡价值最重要的途径是什么？

(8)客户目前比较喜欢的农机销售方式有哪几种？

第三章

制定产品价格策略

学习目标

1. 知晓制定产品价格策略的基本内容。
2. 了解影响价格策略的因素。
3. 掌握制定产品价格的方法。
4. 知晓如何明确产品价格。

学习要求

能力目标	知识要点	权重/%
能知晓制定产品价格策略的基本内容	价格策略的基本内容	20
熟练运用成本、需求、竞争为导向的三大类基本定价方法	成本、需求、竞争为导向的三大定价法	60
能综合运用价格因素确定产品价格	价格因素对产品价格的相关作用指向	20

引例

案例 1：

日本东京银座美佳西服店为了销售商品采用了一种折扣销售方法，颇获成功。具体做法是先发出一个公告，介绍某商品品质、性能等一般情况，宣布打折销售的天数及具体日期，并说明打折的具体方法。第 1 天打 9 折，第 2 天打 8 折，第 3～4 天打 7 折，第 5～6 天打 6 折，依此类推，到第 15～16 天打 1 折。这个销售方法的实际情况是第 1～2 天顾客不多，来者多半是来探听虚实和看热闹的。第 3～4 天顾客渐渐多起来，到第 5～6 天打 6 折时，顾客像洪水般地拥向柜台抢购，以后连日顾客爆满，没到打 1 折售货日期，商品早已售缺。这是一则成功的折扣定价策略。妙在准确地抓住顾客购买心理，有效地运用折扣售货方法销售。人们希望买到质量好又便宜的货物，最好能买到 2 折、1 折价格出售的货物，但是由于顾客担心在想买时没货，于是出现了前几天顾客犹豫观望，中间几天竞相抢购，最后几天买不到货，顾客一片惋惜的情景。

案例 2：

沃尔玛百货有限公司（简称沃尔玛）能够迅速发展，除了正确的战略定位以外，也得益于其首创的折扣销售策略。每家沃尔玛商店都贴有天天廉价的海报，同一种商品在沃尔玛比其他商店要便宜。沃尔玛提倡的是低成本、低费用、低价格的经营思想，主张把更多的利益让给消费者，为顾客节省每一美元是他们的目标。沃尔玛的利润率通常在 30％左右，而其他零售商如凯马特公司的利润率都在 45％左右。沃尔玛每周六早上举行经理人员会议，如果有分店报告某商品在其他商店比沃尔玛低，可立即决定降价。低廉的价格、可靠的质量是沃尔玛的竞争优势，吸引了一批又一批的顾客。

第一节 影响产品定价因素的分析

营销就是通过宣传教育使得目标观众或听众赏识公司的产品、服务或公司给他们提供的利益或保护的能力。公司提供给客户的这些东西不仅要高于、优于他们目前所拥有的东西，而且还要高于、优于他们得到的一切选项和选择。说到底，营销就是销售一种利益。

一、市场营销策略

市场营销策略是企业以顾客需要为出发点，根据经验获得顾客需求量以及购买力的信息、商界的期望值，有计划地组织各项经营活动，通过协调一致的产品策略、价格策略、渠道策略和促销策略，为顾客提供满意的商品和服务，从而实现企业产品销售目标的过程。

1. 危机营销

危机营销就是企业在面对不可控的较为宏观环境的突然变化时，采取具有主动性的营销手段来最大限度地减少危机对企业造成的不良影响，并进一步通过危机获取自身竞争优势的过程。

营销的重点就是把不可能卖出的商品(包括各种服务)，经过一系列合理、合法的措施，让消费者很愉快地掏钱购买企业所希望他们购买的东西。

2. 产品策略

所谓产品策略，是指企业制定经营战略时，首先要明确企业能提供什么样的产品和服务去满足消费者的要求，也就是要先解决产品策略问题。它是市场营销组合策略的基础，从一定意义上讲，企业能否成功与发展的关键在于产品满足消费者需求的程度大小以及产品策略正确与否。这里的产品是指非物质形态的服务，即实体产品的转移以及转移过程中相应的辅助性服务。

3. 企业产品策略

企业产品策略是指企业在其产品营销战略确定后，在实施中所采取的一系列有关产品本身的具体营销策略。主要包括商标、品牌、包装、产品组合、产品生命周期等方面的具体实施策略。企业的产品策略是其市场营销组合策略中的重要组成部分。

产品策略是企业为了在激烈的市场竞争中获得优势，在生产、销售产品时所运用的一系列措施和手段，包括产品组合策略、产品差异化策略、新产品开发策略、品牌策略以及产品的生命周期运用策略。

4. 产品的概念

企业的一切生产经营活动都是围绕着产品进行的，即通过及时、有效地提供消费者所需要的产品而实现企业的发展目标。企业生产什么产品，为谁生产产品，生产多少产品，这似乎是一个经济学命题的问题，也是企业产品策略必须回答的问题。企业如何开发满足消费者需求的产品，并将产品迅速、有效地送到消费者手中，构成了企业营销活动的主体。因为企业时时刻刻都在开发、生产、销售产品，消费者时时刻刻都在使用、消费和享受产品。随着科学技术的快速发展，社会的不断进步，消费者需求特征的日趋个性化，市场竞争程度的加深、加广，导致产品的内涵和外延也在不断扩大。

以现代观念对产品进行界定，产品是指为留意、获取、使用或消费以满足某种欲望和需要而提供给市场的一切东西（菲利普·科特勒）。

电视机、化妆品、家具等有形物品已不能完整涵盖现代观念的产品，产品的内涵已从有形物品扩大到服务（美容、咨询）、人员（体育、影视明星等）、地点（桂林、维也纳）、组织（保护消费者协会）和观念（环保、公德意识）等。

产品的外延也从其核心产品（基本功能）向一般产品（产品的基本形式）、期望产品（期望的产品属性和条件）、附加产品（附加利益和服务）和潜在产品（产品的未来发展）拓展。即从核心产品发展到产品五个层次。

产品最基本的层次是核心利益，即向消费者提供的产品基本效用和利益，也是消费者真正要购买的利益和服务。消费者购买某种产品并非只是为了拥有该产品实体,而是为了获得能满足自身某种需要的效用和利益。如洗衣机的核心利益体现在它能让消费者方便、省力、省时地清洗衣物。产品核心功能需依附一定的实体来实现,产品实体为一般产品,即产品的基本形式,主要包括产品的构造和外形等。期望产品是消费者购买产品时期望的一整套属性和条件,如对于购买洗衣机的人来说,期望该机器能省时省力地清洗衣物,同时不损坏衣物,洗衣时噪声小,方便进排水,外形美观,使用安全可靠等。附加产品是产品的第四个层次,即产品包含的附加服务和利益,主要包括运送、安装、调试、维修、产品保证、零配件供应、技术人员培训等。附加产品来源于对消费者需求的综合性和多层次性的深入研究,要求营销人员必须正视消费者的整体消费体系,但同时必须注意消费者是否愿意承担因附加产品的增加而增加的成本问题。产品的第五个层次是潜在产品,潜在产品预示着该产品最终可能的所有增加和改变。

现代企业产品外延的不断拓展缘于消费者需求的复杂化和市场竞争的白热化。在产品核心功能趋同的情况下,谁能更快、更多、更好地满足消费者复杂利益整合的需要,谁就能拥有消费者,占有市场,取得竞争优势。不断拓展产品的外延部分已成为现代企业产品竞争的焦点,消费者对产品的期望价值越来越多地包含了其所能提供的服务、企业人员的素质及企业整体形象的"综合价值"。目前,发达国家企业的产品竞争多集中在附加产品层次,而发展中国家企业的产品竞争则主要集中在期望产品层次。若产品在核心利益上相同,但附加产品所提供的服务不同,则可能被消费者看成是两种不同的产品,会造成两种截然不同的销售状况。美国著名管理学家李维特曾说过:"新的竞争不在于工厂里制造出来的产品,而在于工厂外能够给产品加上包装、服务、广告、咨询、融资、送货或顾客认为有价值的其他东西。"

5. 价格策略

价格策略是指企业通过对顾客需求的估量和成本分析,选择一种能吸引顾客、实现市场营销组合的价格策略。物流企业的成本比较复杂,包括运输、包装、仓储等方面。所以价格策略的确定一定要以科学规律的研究为依据,以实践经验判断为手段,在维护生产者和消费者双方经济利益的前提下,以消费者可以接受的水平为基准,根据市场变化情况灵活反应,由买卖双方共同决策。

价格策略是给所有消费者规定一个价格，是一个比较近代的观念。它形成的动因是19世纪末大规模零售业的发展。历史上，在多数情况下，价格是作为消费者做出选择的主要决定因素；在最近10年里，在消费者选择行为中非价格因素已经相对地变得更重要了。但是，价格仍是决定公司市场份额和盈利的最重要因素之一。在营销组合中，价格是唯一能产生收入的因素，其他因素表现为成本。

二、影响产品定价的因素

影响产品定价的因素有很多，有企业内部因素，也有企业外部因素；有主观因素，也有客观因素。概括起来，大体上可以有产品成本、市场需求、竞争因素和其他因素4个方面。

（一）产品成本

商品的价值是构成价格的基础，商品的价值由 $C+V+M$ 构成。$C+V$ 是在生产过程中物化劳动转移的价值和劳动者为自己创造的价值。M 是劳动者为社会创造的价值。显然，对企业的产品定价来说，成本是一个关键因素。企业产品定价以成本为最低界限，产品价格只有高于成本，企业才能补偿生产上的耗费，从而获得一定盈利。但这并不排斥在一段时期的个别产品上，价格低于成本。

在实际操作中，产品的价格是由成本、利润和税金三部分组成。成本可分解为固定成本和变动成本。产品的价格有时是由总成本决定的，有时又仅由变动成本决定。成本有时又分为社会平均成本和企业个别成本。就社会同类产品市场价格而言，主要受社会平均成本影响。在竞争充分的情况下，企业个别成本高于或低于社会平均成本，对产品价格的影响不大。

有关统计资料显示，目前工业产品的成本在产品出厂价格中平均约占70%。这就是说，成本是构成价格的主要因素，这只是就价格数量比例而言。如果就制定价格时要考虑的重要性而言，成本无疑也是最重要的因素之一。因为价格如果过分高于成本会有失社会公平，而如果价格过分低于成本，不可能长久维持。

企业定价时，不应将成本孤立地对待，而应同产量、销量、资金周转等因素综合起来考虑。成本因素还要与影响价格的其他因素结合起来考虑。

(二)市场需求

产品价格除受成本影响外，还受市场需求的影响，即受商品供给与需求相互关系的影响。当商品的市场需求大于供给时，价格应高一些；当商品的市场需求小于供给时，价格应低一些。反过来，价格变动影响市场需求总量，从而影响销售量，进而影响企业目标的实现。因此，企业制定价格就必须了解价格变动对市场需求的影响程度。反映这种影响程度的一个指标就是商品的需求价格弹性系数。

需求价格弹性系数是指由于价格的相对变动，而引起的需求相对变动的程度。通常可用下式表示：

$$\text{需求价格弹性系数}=\frac{\text{需求量变动百分比}}{\text{价格变动百分比}}$$

如果我们将成本因素和需求因素综合起来考虑，并做出适当的假设，可形成下面的关于定价的理论模式。

例：某商品根据市场调查可获得需求函数为

$$Q=800-4P$$

式中：Q——产品总需求量；P——产品的单价。

此产品的成本函数为：

$$C=1\ 200+50Q$$

式中：C——总成本。

如果该企业的目标是利润最大化，那么，价格应定为多少？

解：根据已知条件，可得销售收入 S 为：

$$S=PQ$$

利润 Z：

$$Z=S-C$$

将条件代入可得：

$$Z=-4P^2+1\ 000P-41\ 200$$

即当 $P=125$ 元时，利润有极大值，其为 $Z_{max}=21\ 300$ 元。

(三)竞争因素

市场竞争也是影响价格制定的重要因素。根据竞争的程度不同，企业定价策略会有所不同。按照市场竞争程度，可以分为完全竞争、不完全竞争与完全垄断 3 种情况。

1. 完全竞争

所谓完全竞争也称自由竞争，它是一种理想化了的极端情况。在完全竞争条件下，买者和卖者都大量存在，产品都是同质的，不存在质量与功能上的差异，企业自由地选择产品生产，买卖双方能充分地获得市场情报。在这种情况下，无论是买方还是卖方都不能对产品价格进行影响，只能在市场既定价格下从事生产和交易。

2. 不完全竞争

其介于完全竞争与完全垄断之间，它是现实中存在的典型的市场竞争状况。不完全竞争条件下，最少有两个以上买者或卖者，少数买者或卖者对价格和交易数量起着较大的影响作用，买卖各方获得的市场信息是不充分的，它们的活动受到一定的限制，而且它们提供的同类商品有差异，因此，它们之间存在着一定程度的竞争。在不完全竞争情况下，企业的定价策略有比较大的回旋余地，它既要考虑竞争对象的价格策略，也要考虑本企业定价策略对竞争态势的影响。

3. 完全垄断

完全垄断是完全竞争的反面，是指一种商品的供应完全由独家控制，形成独占市场。在完全垄断情况下，交易的数量与价格由垄断者单方面决定。完全垄断在现实中比较少见。

企业的价格策略，必然受到竞争状况的影响。完全竞争与完全垄断是竞争的两个极端，中间状况是不完全竞争。在不完全竞争条件下，竞争的强度对企业的价格策略有重要影响。所以,企业首先要了解竞争的强度。竞争的强度主要取决于产品制作技术的难易,是否有专利保护,供求形势以及具体的竞争格局。其次要了解竞争对手的价格策略以及竞争对手的实力。最后,还要了解、分析本企业在竞争中的地位。

(四)其他因素

企业的定价策略除受成本、需求以及竞争状况的影响外,还受到其他多种因素的影响。这些因素包括政府或行业组织的干预、消费者心理和习惯、企业或产品的形象等。

1. 政府或行业组织干预

政府为了维护经济秩序,或为了其他目的,可能通过立法或者其他途径对企业的价格策略进行干预。政府的干预包括规定毛利率,规定最高、最低限价,限制价格的浮动幅度或者规定价格变动的审批手续,实行价格补贴等。例如,美国某些州政府通过租金控制法将房租控制在较低的水平,将牛奶价格控制在较高的水平;法国政府将宝石的价格控制在较低水平,将面包价格控制在较高水平;我国某些地方为反暴利对商业毛利率的限制等。一些贸易协会或行业性垄断组织也会对企业的价格策略进行影响。

2. 消费者心理和习惯

价格的制定和变动在消费者心理上的反应也是价格策略必须考虑的因素。在现实生活中,很多消费者存在“一分钱一分货”的观念。面对不太熟悉的商品,消费者常常从价格上判断商品的好坏,从经验上把价格同商品的使用价值挂钩。消费者心理和习惯上的反应是很复杂的,某些情况下会出现完全相反的反应。例如,在一般情况下,涨价会减少购买,但有时涨价会引起抢购,反而会增加购买。因此,在研究消费者心理对定价的影响时,要持谨慎态度,要仔细了解消费者心理及其变化规律。

3. 企业或产品的形象

有时企业根据企业理念和企业形象设计的要求,需要对产品价格做出限制。例如,企业为了树立热心公益事业的形象,会将某些有关公益事业的产品价格定得较低;为了形成高端的企业形象,会将某些产品价格定得较高等。

三、影响价格决策的内部因素

1. 公司的营销目标

公司的营销目标是影响公司定价的一个重要因素。不同公司的营销目标,或同一公司不同时期的营销目标是多种多样的,但归结起来,最普遍的目标有下面几种:① 求生存。价格能补偿变动成本和部分固定成本。②求目标投资收益率。包括长期利润、最大当期利润、固定利润。③求市场占有率占统治地位。最低价扩大销售。④求产品质量的领先地位。高价格高质量,企图阻止新的竞争者加入。

2. 其他营销组合因素

①产品独特性:具有独特性的产品价格偏高。②销售渠道:不仅考虑消费者愿意支付的价格,还要考虑中间商的利益。③促销:促销费用是价格构成的重要因素。

3. 成本

一般来说,在产品价格构成中,成本所占的比重大,是定价的基础。

四、影响价格决策的外部因素

1. 市场和需求

成本是制定价格的下限,而市场和需求却是制定价格的上限。

2. 竞争与竞争者

企业定价必须考虑竞争的成本,对企业本身价格变动可能做出的反应。竞争环境主要是指企业所处的价格竞争环境不同,其可能对价格的控制程度也不同,即市场控制价格,企业控制价格,政府控制价格。

3. 政府

政府对价格决策的影响主要体现在各种有关价格禁止的法规上。

①禁止价格垄断。《中华人民共和国价格法》第十四条第一款规定，经营者不得“相互串通，操纵市场价格，损害其他经营者或消费者的合法权益”。价格垄断分两种类型：一是滥用市场优势控制市场价格的行为；二是联合控制价格的行为，包括联合固定价格行为，限制转售价格行为。

②禁止价格欺诈。《中华人民共和国价格法》第十四条第四款规定，经营者不得“利用虚假的或者使人误解的价格手段，诱骗消费者或者其他经营者与其进行交易”。价格欺诈行为主要有：一是虚假价格（谎称降价而实际上没有降价的行为）。如虚假宣传，伪装削价；虚拟原价，谎称降价，实则提价等。二是模糊标价（故意用模糊的语言、文字、计量单位等表示价格行为）。如以虚假的优惠价、折扣价、处理价、最低价以及其他虚假的价格信息，引诱顾客进行交易等。三是两套价格（经营者对同种商品或服务恶意使用两种标价，以低价招徕顾客、高价结算的行为）。

③禁止价格歧视。《中华人民共和国价格法》第十四条第五款规定，经营者不得有“提供相同商品或者服务，对具有同等交易条件的其他经营者实行价格歧视”的行为。

④禁止低价倾销。《中华人民共和国反不正当竞争法》和《中华人民共和国价格法》都规定在依法处理鲜活商品、季节性商品、积压商品等时，不得以排挤竞争对手或者独占市场为目的，以低于成本的价格销售商品。

第二节　明确产品定价目标

一、产品定价方法

当企业或公司遇上产品过剩或激烈竞争或者要改变消费者的需求时，它们要把维持生存当作其主要目标。

最大当期利润（maximum current profit）是指许多企业或公司想制定一个

能达到最大当期利润的价格。最高当期收入(maximum current revenue)是指有些公司建立一个最高销售收入的价格。最高销售成长(maximum sales growth)是指另有一些公司则希望达到销售额最大增长量。最大市场撇脂(maximum market skimming)是指许多公司喜欢制定高价来“撇脂”市场。产品质量领先(product-quality leadership)是指一个公司可以树立在市场上成为产品质量领先地位的目标。

(一)定价策略

1. 新产品定价策略

①撇脂定价策略

②渗透定价策略

③中间定价策略

2. 商品阶段定价策略

①试销期定价策略

②畅销期定价策略

③饱和期定价策略

④滞销期定价策略

3. 折扣定价策略

①数量折扣定价策略

②季节折扣定价策略

③现金折扣定价策略

④业务折扣定价策略

4. 心理定价策略

①组合定价策略

②尾数定价策略

③整数定价策略

④期望与习惯定价策略

⑤安全定价策略

⑥特价定价策略(招徕定价)

5. 相关商品定价策略

①互补商品定价策略

②替代商品定价策略

6. 地理定价策略

①对各个相对独立市场分别定价

②对异地买主提供收费或免费服务措施

③向异地经销商提供价格支持和保证

在贸易过程中(特别在国际贸易中),有一个议题是如何交付款项。当购买者缺乏足够的硬通货来偿付他的购买物时,这一议题就比较严重了。很多时候购买者在付款时要求提供其他的条款,而这种实践就导致对销贸易的兴起。对销贸易(countertrade)有以下几种方式。①物物交换(barter):物物交换指商品与商品的直接交换,没有货币,没有第三方参与。②补偿贸易(compensation deal):在这一交换形式中,付给卖方的货款一部分采用现金,其余部分则以产品形式偿还。③产品回购(buyback agreement):卖方向买方同售工厂的设备或技术,并同意接受一部分用该设备或技术生产的产品,作为付款的一部分。④反向购买(offset):卖方收到的货款全部是现金,但必须同意在一个规定时间内用相等数量的货币来购买买家的商品。

(二)差别定价

①顾客细分定价(customer-segment pricing):在同种情况下,对同样的产品或服务,不同顾客支付不同的数额。

②产品式样定价(product-form pricing):在同种情况下,产品的式样不同,其价格也不同。它们的价格距离与它们各自的成本是不成比例的。

③形象定价(image pricing):有些企业根据不同的形象,给同一种产品定出两个不同的价格。

④地点定价(location pricing):在同种情况下,不同地点可制定不同的价格,即使所提供的每个地点的成本是相同的(如剧院的位置价格)。

⑤时间定价(time pricing):在同种情况下,不同季节,不同日期,甚至不同时间点,都可以采取不同的价格。如长途电话收费。

(三)产品组合定价

①产品线定价法(product-line pricing):产品线的价格间距要考虑产品线的成本差异、顾客对不同品种特征的评价和竞争者价格。目标是建立能向价格差异提供证据的认知质量差异。

②选择特色定价法(optional-feature pricing):许多企业提供各种可选择的产品或具有特色的主要产品。

③附带产品定价法(captive-product pricing):对某些行业企业生产的必须与它的主要产品一起使用的产品进行定价,如打印机和打印色带。

④两段定价法(two-part pricing):服务性公司常常收取固定费用,另加一笔可变的使用费,如电话月租费和通话费。

⑤副产品定价法(by-product pricing):在生产加工食用肉类、石油产品和其他化学产品中,常常有副产品。如果这些副产品对某些顾客群具有价值,必须根据其价值定价。副产品的收入多,将使企业更易于为其主要产品制定较低价格,以便在市场上增加竞争力。

⑥捆绑定价法(product-bundling pricing):销售商常常把一组产品组合在一起,降价销售。虽然顾客本来无意购买全部产品,但由于在这个价格上节约的金额相当可观,可以吸引顾客购买。

(四)促销定价

①牺牲品定价(loss-leader pricing):销售商以少数商品作为牺牲品将其价格定为低价,以招揽顾客,吸引他们来到本店,并期望他们购买正常标价的其他商品。

②特别事件定价(special-event pricing):在某种季节里,销售商也利用特别事件定价来吸引更多的顾客购买。

③现金回扣券(cash rebates):制造厂商有时会在特定时间内向进行购买的顾客提供现金回扣,刺激他们购买产品。回扣可使制造商在不必降低目录价格的情况下达到清仓的目的。

④较长的付款条款(long-term payment):销售者,特别是贷款银行和有关企业,延长它们的贷款时间,这样减少了每月的付款金额。顾客经常对贷款成本考虑较少(如利率),他们所担心的是每月的支付额自己能不能承受。

⑤保证和服务合同(warranties and service contracts):公司可以增加免费保证或服务合同来促销。顾客既可选择免费保证或服务,也可选择降低价格的方法。

⑥心理折价(psychological discounting):是指故意给产品定个高价,然后大幅度降价出售它。如某产品原来标价是359美元,现在售价是299美元。而来自在正常价格的多种折扣是促销定价法的一种合法形式。

(五)价格变动与企业对策

发动价格变更和对它的反应,主要有以下几种情况:发动降价、发动提价、价格变化的反应、对竞争者价格变化的反应。

1.发动降价

有几种情况可能导致企业考虑降价,即过多的生产能力;面临强有力的价格竞争而本企业的市场份额正在下降;以低成本为基础进行降价争取在市场上居于支配地位;发动降价以期望扩大市场份额,从而依靠较大的销量,以降低成本;在经济衰退时期不得不降价。

发动降价战略的风险主要有:①低质量误区(low-quality trap):消费者会认为产品质量低于售价高的竞争者产品的质量。②脆弱的市场占有率误区(fragile-market-trap):低价能买到市场占有率,但是买不到市场的忠诚,顾客会转向另一个价格更低的公司。③浅钱袋误区(shallow-pockets trap):因为售价高的竞争者具有深厚的资金储备,他们也能降价并能持续更长时间。

2.发动提价

引起提价的原因主要有成本膨胀(cost inflation),供不应求(overdemand),产品性能提高,竞争减少4种情况。以下是常用的几种调价方法。①采用延缓报价(adoption of delayed quotation pricing):公司决定到产品制成或者交货时才制定最终价格。生产周期长的产业如工业建筑和重型设备制造业等采用延缓报价定价法相当普遍。②使用价格自动调整条款(use of escalator clauses):公司要求顾客按当前价格付款,并且支付交货前由于通货膨胀引起增长的全部或部分费用。③分别处理产品与服务的价格(unbundling of goods and services):公司为了保持其产品价格,把先前供应的免费送货与安装的产品分解为各个零部件,并分别为单一的或多个的构件定价出售。④减少折扣(reduction of discounts):公司减少常用的现金和数量折扣,指示其销售人员不可为了争取生意不按目录价格报价。

不必提价便可以弥补高额成本或满足大量需求的几种可行性方法。①压缩产品产量,价格不变。②使用便宜的材料或配方做代用品。③减少或者改变产品特点,降低成本(西尔斯公司简化了许多家用电器的设计,以便与折扣商店销售的商品进行价格竞争)。④改变或者减少服务项目(取消安装、免费送货或长期保修)。⑤使用价格较为低廉的包装材料,促销更大包装产品,以降低包装的相对成本。⑥缩小产品的尺寸、规格和型号。⑦创造新的经济品牌或使用无品牌产品(如西友的无印良品)。

3. 价格变化的反应

任何价格变化无疑将会影响购买者、竞争者、分销商和供应商的利益,也会引起政府的注意。因此,企业在调整价格时必须考虑这些因素的反应。即顾客的反应(customers' reaction to price changes)和竞争者的反应(competitors' reaction to price changes)。

4. 对竞争者价格变化的反应

同质的产品市场(homogeneous-product market)(降价或提价)和异质的产品市场(nonhomogeneous product market)(对价格变化的敏感度较小,反应的自由度较大)在做出反应前,企业必须考虑下面这些问题。为什么竞争者要变动这个价格,它是想悄悄地夺取市场,利用过剩的生产能力,适应成本的变动状况,还是要领导一个行业范围内的价格变动?竞争者计划做这个价格变动是临时的应对,还是长期的措施?如果本公司对此不做出反应,本公司的市场份额和利润将会发生什么样的情况?其他公司是否对此做出反应,对于每一种可能发生的反应，竞争者与其他企业的回答很可能是什么？

市场领先者应对由那些较小的企业为努力取得市场份额而进行的有进取心的降价有几种选择：①维持原价格（maintain price）：市场领先者可以维持他的原来价格和利润幅度，当他认为(a)如果降价，会失去很多的利润；(b)不会失去很多的市场份额；(c)当必要时，会重新获得市场份额。领先者感到他能抓住好的顾客，而放弃一些较差的顾客给竞争者。②提高被认知的质量（raise perceived quality）：领先者可以维持原价格，但要增加其所提供产品的价值。其可以改进自己的产品、服务和信息沟通，以便使顾客能看到更多价值。企业可以发现维持原价和花钱去改进它所提供的产品比降价或以较低毛利来经营要便宜得多。③降价（reduce price）：市场领先者可以降低自己的价格，以达到竞争者价格的水平。其之所以这样做是因为：(a)他的成本将随着数量增加而下降；(b)他将失去很多的市场份额，因为本市场对价格是敏感的；(c)一旦他失去市场份额，他要使尽全力去重新获得市场份额。当公司降价时应努力去维持它所提供的产品的价值。④提高价格的同时改进质量（increase price and improve quality）：市场领先者可以提价并引入一些新品牌商品包围那种进行攻击的品牌商品。⑤推出廉价产品线反击（launch low-priced fighter line）：一种最佳反应是在经营产品中增加廉价品种，或者另外创立一个廉价品牌。如果某个产品正在丧失的细分市场对价格是敏感的，这种做法就有必要，因为这样做不必对要求提高质量的呼声作应对。

采购部门弄清楚供应商依据什么来报价，对分析报价的合理性以及在价格谈判时会有很大的帮助，但一般情况下供应商不会告诉采购方他的报价是如何做出来的。有的采购部门凭直觉和经验来估算价格，有的则是有一套较严密的方法，甚至设立专门的成本核算小组来为报价提供可靠的依据。

二、供应商定价的目标

每一个生产者或供应商，在具体定价时都要明确其目标。供应商制定新产品价格的目标主要有两个，即获取利润目标和占领市场目标。

(一)获取利润目标

利润是考核和分析销售工作好坏的一项综合性指标,是供应商最主要的资金来源。以利润为定价目标有3种具体形式:预期收益、最大利润和合理利润。

1. 获取预期收益目标

预期收益目标是指供应商以预期利润(包括预交税金)为定价基点,并以利润加上产品的完全成本构成价格出售产品,从而获取预期收益的一种定价目标。预期收益目标有长期和短期之分,大多数供应商都采用长期目标。预期收益高低的确定,应当考虑产品的质量与功能、同期的银行利率、消费者对价格的反应,以及供应商在同类供应商中的地位和在市场竞争中的实力等因素。

2. 获取最大利润目标

最大利润目标是指供应商在一定时期内综合考虑各种因素后,以总收入减去总成本的最大差额为基点,确定单位产品的价格,以取得最大利润的一种定价目标。最大利润是供应商在一定时期内可能并准备实现的最大利润总额,而不是单位产品的最高价格,最高价格不一定能获取最大利润。当供应商的产品在市场上处于绝对有利地位时,往往采取这种定价目标,它能够使供应商在短期内获得高额利润。但在竞争激烈的市场上,想长期维持不合理的高价几乎是不可能的。因为不合理的高价势必会遇到各方面的对抗行动,诸如需求的减少、代替品的盛行、政府的干预等。因此,最大利润一般应以长期的总利润为目标。

3. 获取合理利润目标

合理利润目标是指供应商在补偿正常情况下的社会平均成本基础上,适当加上一定量的利润作为产品价格,以获取正常情况下合理利润的一种定价目标。供应商在自身力量不足,不能实行最大利润目标或预期收益目标时,往往采取这一定价目标。

(二)占领市场目标

利润高低并不必然显示出供应商的市场地位,更不能显示出它同其他竞争供应商的关系,而市场占有率则能准确显示供应商在同行业的地位和竞争实力。因此,许多供应商以市场占有率作为自己的价格目标。

1. 以低价占领市场

以低价占领市场为目标，就是在提高产品质量，降低产品成本的前提下，使产品的价格低于主要竞争者的价格，以低价迅速抢占市场，从而提高产品的市场占有率。待占领市场后，再通过增加和提高某些功能的方式逐步提高产品价格。

2. 以竞争价格占领市场

以竞争价格占领市场为目标，就是供应商在制定产品价格之前，认真研究竞争对手的策略，根据自身实力，用针锋相对的方式与对手抗衡，以便占领市场或保护既得市场。这种方式，易导致价格大战，风险较大。

三、供应商定价的程序

供应商确定了营销价格目标以后，还必须按照产品价格制定的一般程序，估算市场销售潜量，分析竞争对手反应，预测市场占有率，选择定价方法，然后，才能制定出适合自身发展的价格。产品营销价格的制定程序主要包括如下几个步骤。

1. 确定价格目标

首先根据供应商经营目标，确定相应的定价目标。

2. 估算市场销售潜量

市场销售量大小的估算关系到新产品投放市场和老产品拓宽市场的成败，其方法如下。

(1)了解市场预期价格。预期价格是影响产品定价的一个重要因素。产品价格高于或低于预期价格，都会影响产品的销售。因此，供应商在进行市场潜量估算时，首先要了解市场上是否已存在预期价格。

(2)估算不同价格下的销售量。计算各种销售价格的均衡点以及哪种价格最为有利。

3. 分析竞争对手反应

现实的和潜在的竞争对手对于产品价格的影响极大，特别是那些容易经营、利润可观的产品，潜在的竞争威胁最大。

4. 预测市场占有率

市场占有率反映供应商在市场上所处的地位，市场占有率不同，则营销价格策略和方法也不同。因此，供应商在定价之前，应准确预测出现有市场占有率。

5. 考虑经营活动的有关计划

供应商在定价之前要全面、综合地考量整个的市场营销计划，如产品开发计划、产品推销计划。

6. 选择定价方法

经过以上诸程序的分析、研究，供应商最后选择具体的定价方法来确定产品的价格。

第三节　选择产品定价方法

成本、需求、竞争是影响供应商定价的最基本因素，因此，与之相对应，就形成了以成本、需求、竞争为导向的三大类基本定价方法，以及其他一些定价方法。

一、成本导向定价法

成本导向定价法，又叫成本加成定价法，是指供应商以产品的成本为基础，再加上一定的利润和税金而形成价格的一种定价方法。成本导向定价法简便易行，是现阶段最基本、最普遍使用的一种定价方法。如生产企业以生产成本为基础，商业零售企业则以进货成本为基础。例如某零售店经营某种手表，其中货价为 120 元/只，加成率为 50%，则每只手表的零售价格为 120×(1+50%)=180(元)，毛利为 60 元。这种方法的优点在于所定价格如能被接受，则可保证企业全部成本得到补偿；计算方便；在成本没有多大波动的情况下，有利于价格的稳定。缺点是不能反映市场需求状况和竞争状况。实际工作中，作为定价基础的成本，其分类繁多。因此，以成本为基础的定价方法也多种多样，主要包括以下 3 种。

1. 完全成本导向定价法

完全成本导向定价法是将产品的完全成本(固定成本+变动成本+销售费用)，加上一定的利润和税金，然后除以产品产量，从而得出单位产品的价格。

完全成本在生产企业是单位生产成本与销售费用之和，在商业企业则是进价与流通费用之和，常用的是商品售价=完全成本×(1+成本加成率)。西方国家的加成率一般在 15%～60%。经营稳定、风险小的加成率低，需求变化快、经营风险大或损耗大的加成率则高。也可用资金利润率、销售利润率计算。

$$\text{成本利润率}=\frac{\text{要提供的总利润}}{\text{商品总成本}}\times 100\%$$

如某企业投资 200 万元，要求年资金利润率 30%，全年提供 60 万元利润。该企业年产某产品 40 万个，总成本为 300 万元，产品生产率 10%。

则：单位成本=300/40=7.5(元)；成本利润率=60/300×100%=20%；单位产品售价=7.5×(1+20%)/(1−10%)=10(元)

完全成本导向定价法计算简单，可以让供应商预先了解利润的多少，有利于核算、补偿劳动消耗，在正常的情况下，能够获得预期收益。但这种定价方法以个别成本为基础，忽视产品市场供求状况，缺乏灵活性，通常不大适应复杂多变的市场供求。当利润不变时如果供应商个别成本高于社会平均成本，产品价格就会高于市场平均价格，势必影响其销售。如果供应商的个别成本低于社会平均成本，则产品价格低于市场平均价格，又无形中抛弃了部分可以实现的利润。

2. 边际成本导向定价法

边际成本导向定价法，又叫边际贡献导向定价法，是抛开固定成本，仅计算变动成本，并以预期的边际贡献补偿固定成本获得收益的定价方式。此方法是短期决策的常用方法，用以下公式计算边际成本：

$$边际成本=\frac{增加一单位产品后的总成本-原来的总成本}{增加一单位产品后的产量-原来的产量}$$

$$=\frac{总成本增量}{产量增量}$$

进一步计算产品定价为：单位产品定价=（原产品产量×原销售价格）+（边际成本/限定生产量）。

边际贡献是指供应商增加一个产品的销售，所获得的收入减去边际成本后的数值。如果边际贡献不足以补偿固定成本，则出现亏损。基本公式是：

价格=变动成本+边际贡献

边际贡献=价格-变动成本

利润=边际贡献-固定成本

边际成本导向定价法适用于竞争十分激烈、市场形势严重恶化等情况，目的是减少供应商损失。因在供过于求时，若坚持以完全成本价格出售，就难以为采购方所接受，会出现滞销、积压，甚至导致停产、减产，不仅固定成本无法补偿，就连变动成本也难以收回。若舍去固定成本，尽力维持生产，以高于变动成本的价格出售产品，则可用边际贡献来补偿固定成本。

3. 目标成本导向定价法

目标成本是指供应商依据自身条件，在考察市场营销环境、分析并测算有关因素对成本影响程度的基础上，为实现目标利润而规划的未来某一时间的成本。目标成本加上目标利润和税金，然后除以产品产量便是产品单价。

目标成本是供应商在一定时期内需经过努力才能实现的成本。因此，以此为导向的定价方法有助于供应商以积极的综合措施控制并降低成本，比较符合供应商的长远利益。但目标成本是预测的，在具体实施过程中，若对影响成本的目标因素预测不准，极易导致定价工作失败。

二、需求导向定价法

需求导向定价法是指供应商根据市场需求状况和采购方的不同反应分别确定产品价格的一种定价方式。其特点是平均成本相同的同一产品价格随需求变化而变化。

需求导向定价法一般是以某一产品的历史价格为基础，根据市场需求变化情况，在一定的幅度内变动价格，以致同一产品可以按两种或两种以上价格销售。这种差价可以因采购方的采购能力、对产品的需求情况、产品的型号和式样以及时间、地点等因素而采用不同的形式。如以场所为基础的差别定价，虽然成本相同，但具体地点不同，价格也有差别。

需求导向定价法是以消费者的需求为中心的定价方法。即根据消费者对商品的需求强度和对商品价值的认识程度来制定的产品价格。主要有两种方法。

1. 理解价值定价法

企业按照购买者或消费者对商品及其价值的认识程度和感觉定价。理解价值(又称感受价值、认知价值)指买方在观念上所认同的价值。顾客对产品价值的理解，主要不是由产品的成本决定的。如一小瓶名牌法国香水，成本不过十几法郎，而售价高达数百法郎。其原因就是名牌效应。

2. 区分需求定价法

区分需求定价法又称差别定价法。是在特定条件下，根据需求中的某些差异而使价格有差别的定价方法。具体差别如下：①同一产品，对不同的消费者制定不同的价格和采用不同的价格方式。②同种产品由于不同的外观、款式、花色采用不同的价格。③同种产品或服务在不同的地点和位置采用不同的价格。④同种产品或服务在不同的时间提供，采用不同的价格。采用这种定价方法应具备3个条件，第一，市场应是可以细分的，而且不同的细分市场能反映出需求方面的差异。第二，企业不致因为细分市场而增加开支。第三，采用差别定价不会招致消费者的误解或反感。

三、竞争导向定价法

竞争导向定价法是供应商根据市场竞争状况确定产品价格的一种定价方式。其特点是价格与成本和需求不发生直接关系。

竞争导向定价法的具体做法是供应商在制定价格时,主要以竞争对手的价格为基础,与竞争品价格保持一定的比例。即竞争品价格未变,即使产品成本或市场需求变动了,也应维持原价。竞争品价格变动,即使产品成本和市场需求未变,也要相应调整价格。

竞争导向定价法是以竞争为中心的、以竞争对手的定价为依据的定价方法。主要有 4 种定价方法。

1. 随行就市定价法

所谓随行就市定价法,是指供应商按照行业的现行价格水平来定价。在以下情况下往往采取这种定价方法。

(1)难以估算成本;

(2)供应商打算与同行和平共处;

(3)如果另行定价,很难了解采购方和竞争者对其供应商的价格的反应。

不论市场结构是完全竞争的市场,还是寡头竞争的市场,随行就市定价法都是同质产品市场的惯用定价方法。即企业以行业的平均价格为标准制定本企业的商品价格。在竞争激烈的情况下,这是一种与同行和平共处、比较稳妥的定价方法,可避免风险。

2. 追随定价法

追随定价法是企业以同行业主导企业的价格为标准制定本企业的产品价格的方法。如同行业中实力最强、影响最大的企业的单位产品定价为 15 元,本企业可根据产品状况、市场需求的具体情况将本商品的倦意定价定为 14～14.9 元。此方法可避免企业之间的正面价格竞争。

3.盈亏平衡定价法

盈亏平衡定价法又称收支平衡定价法,其是运用损益平衡原理实行的一种保本定价方法。首先计算损益平衡点:损益平衡点产量＝固定成本/(单位产品价格－单位可变成本)。当企业的产量达到损益平衡点时,企业不盈也不亏,收支平衡,保本经营。保本价格计算公式如下:

$$保本价格=\frac{固定成本}{损益平衡销售量}+单位产品变动成本$$

如果企业把价格定在保本定价点上,则只能收回成本,不能盈利;若高于保本定价便可获利,获利水平取决于高于保本定价点的距离;如低于保本定价点,企业无疑是亏损的。

4.密封投票定价法

密封投票定价法通常采用公开招标的办法。即采购方在报刊上登广告或发出函件,说明拟采购产品的品种、规格、数量等具体要求,邀请供应商在规定的期限内投标。供应商在规定的期限内填写标单,上面填明可供应产品的名称、品种、规格、价格、数量、交货日期等,密封送给招标人(采购方)。这种价格是供货商根据对竞争者报价的估计制定的,而不是按照供应商自己的成本费用或市场需求来制定的。供应商的目的在于赢得合同,所以它的报价应低于竞争对手(其他投标人)的报价。这种定价方法叫作密封投标定价法。

然而,供应商不能将其报价定得低于某种水平。确切地讲,它不会将报价定得低于边际成本,以免使其经营状况恶化。如果供应商报价远远高出边际成本,虽然潜在利润增加了,但却减少了赢得合同的机会。一般来说,报价低有利于赢得客户,供货商会通过各种方法来降低产品的成本,从而降低产品价格。下列因素有利于制定低价,市场对价格非常敏感,低价可刺激市场份额进一步扩大。随着生产经验的积累,生产和分销成本将会降低。低价抑制了现实的和潜在的竞争对手进入市场。市场撇脂定价奏效,需符合下列条件:顾客的人数足以构成当前的高需求;小批量生产的单位成本不至高到无法从交易中获得好处的程度;开始的高价未能吸引更多竞争者进入;高价有助于树立优质产品的形象。

第四节　确定产品最终价格

对于如何确定产品和服务的价格有很多不同的观点，销售商对合理价格的理解通常是根据以下因素来确定的：一是包含生产产品或服务的所有费用（包括成本之外附加的合理的利润）；二是能够补偿销售商从采购方那里获得产品和服务所支付的所有费用（包括所有的相关费用）。这里的“合理的利润”指的是对销售商在提供产品或服务时所要承担风险的补偿。采购方通常把“合理的价格”定义为获得所需产品和服务的最低价格，采购方的定价通常是根据产品或服务的成本来计算的。销售商在确定价格时通常会考虑以下 3 种因素：市场结构对价格的影响，基于成本的定价模型，基于收益的定价模型。

一、市场结构

竞争水平是对定价有明显影响的一个重要因素。在一个销售商（垄断组织）与多个采购方之间，以及多个销售商与一个采购方（垄断）之间存在多种形式和不同程度的竞争，主要有 6 种情况。

（1）卖方垄断。一个销售商与多个采购方。例如在美国，大多数的垄断组织，像政府都有义务来保持一个合理的价格水平，由于没有竞争，销售商可以确定任何想要的价格水平。

（2）垄断竞争。几个销售商与多个采购方。通过对产品的不同划分，几个销售商建立起一个联盟。一个典型的例子就是早餐食品加工业，少数几家公司控制着市场，并且提供各种各样的产品，它们不只同其他的厂商，也在组织内部的合作伙伴之间竞争市场份额。

（3）供应的市场垄断。少数销售商和多数的采购方。价格通常是被行业领导者或是卡特尔控制的。钢铁行业是一个典型的市场垄断供应者，在这种情况下，一旦垄断组织确定了价格，行业中的其他组织就会迅速接受这个定价。石油行业也是一个典型的卡特尔的例子，石油输出国组织（OPEC）为所有的行业成员确定价格。

（4）完全竞争。大量的采购方和销售商。在完全竞争的市场上，所有的采购方和销售商同等重要，很多市场虽然不是完全竞争的，但其具有完全竞争的市场特征，产品的价格是由需求和供应的关系来确定的。

（5）销售的市场垄断。许多销售商和少数的购买者。在这种市场下，采购方的行为对价格有很大的影响，因为所有的销售商要为销售自己的产品进行竞争。

（6）买方垄断。多个销售商和一个采购方。这与卖方垄断的状况恰恰相反，在买方垄断的市场中，采购方控制着价格，这种市场的一个典型例子就是军事战斗机市场，美国政府控制着国内生产厂商的销售状况。

二、商品定价方法

商品定价是一个比较复杂的过程，受多种因素的影响，主要是基于成本的定价模型而定，其是在对所销售商品的综合成本评估基础上来确定价格，这些成本包括直接劳动力成本、原材料成本，以及管理费用。三种常见的定价方法是：直接定价、按收益比率定价以及灵活定价。

1.直接定价

在直接定价模型中，价格的确定方法是单位成本乘以代表管理费用和预期收益的定价系数，再加上单位成本。公式如下：

价格＝单位成本＋单位成本×定价系数

例如，单位产品的成本是 80 美元，定价系数为 20%，则商品的价格即为 96 美元。

价格＝80 美元＋80 美元×0.2＝96 美元

此时采购方会提出如下问题：

（1）在单位成本里面包括哪些成本费用。采购方希望与产品无关的费用不要记入总成本，例如其他产品的开发费用和设备的折旧费用。采购方同时关心直接费用的成分，并且怀疑加工过程是否可以改进，原材料是否可以有其他替代品。供应商是否把直接价格和管理费用的数值定得过高，管理费用是否已经包括了预期的收益，这样，供应商就可以从定价中获利。

(2)产品价格是否标明了供应商的成本结构。供应商对商品的定价可能会比没有考虑危险时的正常价格要高。

2. 按收益比率定价

按收益比率定价的模型，包括了所有的成本以及对其进行投资的收益。这种模型通常被用在当供应商必须对工具或设备等固定资产进行投资的情况下，对这种模型的使用包括以下 5 个步骤。

(1)对投资确定预期的投资收益率。投资收益率是一个等于或者大于组织所要求的投资回收率的数值。例如，15%的投资收益率被表示为 1.15，也就是说，投资的收益应该是在投资基数的基础上再加上 15%。

(2)对投资进行评估。投资的内容可以是工具、设备以及其他的原材料。

(3)对销售数量进行评估。是指由于投资带来的销售数量。

(4)对单位成本的评估。这里的单位成本应该是包括管理费用和预期收益在内的所有成本。

(5)计算产品价格。价格是通过如下公式来计算得到的：

价格＝投资收益率×投资或销售数量＋单位成本

例如，供应商对新投资部分的定价应该同原先的商品一样。如果供应商的投资收益率要求是 15%，预期投资是 150 000 美元，估计的销售量为 5 000 个单位，单位成本为 80 美元，则产品价格应该是：

价格＝1.15×(150 000 美元/5 000)＋80 美元
＝34.50 美元＋80 美元
＝114.50 美元

这个价格包含了供应商的所有价格，包括产品成本、产品定价、设备投资，以及对于设备投资的收益。这种情况下，采购方希望能证明预期收益是合理的，投资成本是恰当的，并且对销售数量的估计是现实的，同时，对单位成本的确定应与调查结果相一致。采购方可以通过对产品和设备的单独报价来了解产品成本。

3. 灵活的定价

有时，供应商可能会对产品仅仅根据可变成本来进行临时定价，它们这样做的原因包括以下几个方面。

(1)产品是作为生产过程的副产品，所有的管理费用已经被计算过。

(2)产品是作为促销品销售的，这样做的目的是吸引顾客来购买其他的商品。

(3)供应商目前是为了努力争取到采购方的业务，而在将来则可以调整价格。

采购方应该了解供应商提供如此价格的合理性，应该清楚地认识到，供应商不可能长期自己承担由于灵活定价所造成的损失。

许多因素会影响到采购对收益的预期，这种预期会通过价格来反映(以收益为基础的定价)。价值涉及消费者购买商品或是服务所获得的所有价值及满意程度(产品的实用性)。另一种价值的观念就是消费者的交换价值或经济价值，这种价值是基于消费者对两者的预期。影响采购方对价值预期的因素有替代品、特殊的价值转换成本、对价格-质量比较的复杂程度、支出量、最终收益、公共成本、合理性、库存、定位或时间，以及供应商的信誉、服务及与供应商的关系。

三、定价分析方法

供应商在对定价策略进行分析时，通常采用从其他的供应商那里获得的竞争性建议、与公共价格进行比较、与历史价格进行比较，以及通过内部成本的方法来进行估计。这些方法相对来说比较固定而且成本低，在使用有工业标准的材料和部件时，这些方法很有效。每一种方法的具体做法如下。

1. 竞争性价格

竞争性价格通常在竞争性市场上用来确定供应商所采用的价格，其能合理地反映成本、价值和风险。这种方法通常适用于具有工业标准的产品，并且很多厂家可以提供替代品。一旦采用价格分析，竞争性标价状况就应该明确。当存在以下现象时，竞争性价格可能会出现问题。

①当合同执行者在成本和数量方面具有竞争优势时。

②条例偏向于某一供应商时。

③缺乏竞争的情况（当需求大于供给时，价格可能就会变得不合理）。

④对执行约定的方案可能会导致很大的分歧，造成成本定价的困难。

2. 与公开价格比较

在很多情况下可以采用公开灵活定价的方法。获得公开定价信息的途径有多种，第一种来源是对价格控制；第二种来源是由很多的采购方与供应商通过交流确定的市场价格；第三种来源是广告；第四种来源是通过对供应商的问卷调查（书面的和电子的）。

3. 与历史价格比较

另一种确定价格的方法是与历史价格的比较。采购方在使用历史价格做比较时必须要考虑到以下 6 个方面。

①过去的价格不能决定将来的价格，要注意到市场状况，商品的供应来源，以及经济状况都发生了改变。

②随着时间的变化，采购的数量可能会发生变化，这也会导致商品价格的不同（当订单的数量较小时，整体价格通常会比较高）。

③历史价格可能仅仅是基于一张订单，或是采购方在一个特定时间段内的价格。

④如果项目是以一种相对较高的价格采购的，并且是单一的数据来源，则价格可能会发生变化。在确定价格时，单一的或是多方的信息来源同样会导致不同的价格。

⑤启动资金也可能包含在以前的定价中（如工具或设备投资）。

⑥对价格的历史对比同样需要灵活的定价系数。

4. 基于内部成本评价

在新项目中通常需要对成本进行评估，采购方有 3 种方法对内部成本进行评估，即整体评估、与同类产品进行比较、对具体内容的分析。

(1)整体评估。在进行整体评估时，从设计部门、加工制造部门、采购部门和财务(会计)部门中选出代表，让其根据他们的经验、对产品的了解以及所掌握的市场信息等来确定价格。尽管这种整体评估的方法比较迅速而且成本相对较低，但评估结果的主观性较强。当需要迅速确定价格并且组织机构在同类产品的定价方面很有经验时，这种评估方法很有效。

(2)与同类产品进行比较。如果组织机构对于同类产品、部件或服务的定价有丰富的经验，则这些信息在对新产品或服务进行定价时将会很有用。在确定单个产品价格或整体价格时，可以使用与同类产品进行比较的方法。成本评估是根据历史成本和重量、速度、面积、体积、密度等方面来确定的，采购方可以通过建立数学模型(如复合递减模型)来对新的成本进行估计。

这种方法的优点是它为以后的评估确定一个基础，相对来说它具有时效性和经济性的特点。这种方法的缺点是采购方必须考虑区别各种与确定成本有关的相似数据。这种方法的效率较低，需要复杂的数学模型，并且假定在信息质量和技术上没有明显的变化。

(3)对具体内容的分析。如果有足够的时间，对产品成本的估计可以通过对所有部件、过程及装备的整体考虑来确定。实际上，这种自下而上的方法的优势在于对小项目的成本确定比大项目的成本确定更为明显有效，并且对单个部件估计的误差可能在整体中相互抵消。所需要了解的内容包括说明书、运输的数量和速度、材料费用、已购部件和原材料价格、设计图纸、对加工制造过程的了解、对质量的要求、时间标准、管理费用及预期收益。

对具体内容进行分析是一种评估项目成本最为准确的方法，它还可以为今后的成本估计提供历史参考。但是，这种对具体内容进行分析的方法非常耗时，费用很高，它需要很多人员的共同努力，并且还要求了解各部分的具体细节。然而，其对重要的采购活动能够提供最好的、最完整的信息。

5. 折扣

折扣同样会影响产品的定价。通常的折扣方式有数量折扣、商业折扣、现金折扣和季节性折扣，下面对每一种类型的折扣进行说明。

(1)数量折扣。数量折扣是通过对大的订单采取降低价格的方法来争取较小的总成本。这部分减少的费用可以通过扩大生产规模(如将组织管理费用在较长的产品生产过程中进行分摊)来补偿,其他的成本费用可以通过加强管理来缩减。例如,无论是10美元还是10 000美元的商品,其处理过程是一样的。数量折扣通常会导致在供应商的价格表中出现"价格间断",这主要是依据订单的数量实行折扣。

数量折扣通常可以有几种方式来获得。

第一种方式是通过一次性采购数量特别大的商品来获得折扣,采购方会调查一次大批量采购可以获得价格中断,并且花费较低总成本的可行性。这种折扣在商品运输中的应用比较广泛,用货船运输商品时可以获得较低的总成本,即较高重量等级的货物,可以获得较低的单位运输费用。

第二种方式是数量折扣也可以是基于整个订单的价值,而不是基于采购商品的数量,这样,折扣是按照订单整体价值的百分比计算的。

第三种方式是采用数量折扣,其是根据在一段时间内从供应商处采购的整体费用,这种折扣方式可以在批量订单或是系统合同中采用。需要注意的是,这种折扣应该在收到付款后立即兑现,通常供应商在收到付款几个月后才支付折扣,这样,如果采购方变换了供应商,那么它将失去这部分折扣。

(2)商业折扣。商业折扣是给不同类型的采购方和分销商提供一系列不同的价格折扣,以补偿它们所扮演的市场角色的不同。商业折扣是以"25-10-5"的形式存在,即零售商可以获得定价的25%折扣,批发商则获得零售商价格10%的折扣,制造商获得的折扣是批发商价格的5%。

(3)现金折扣。现金折扣是供应商鼓励采购方在一段特定的时间内尽快付款的一种折扣方式。例如,一种"2-10/0-30"的折扣方式,采购方如果在10日之内付清货款,则能享受2%的折扣;如果货款在30天内才付清,将没有折扣。现金折扣可以带来实质性的节省,例如,对于"2-10/0-30"的折扣方式,相当于每年能享受36.5%的折扣,即每年(365天/10天)×0.01= 0.365。"2/10 EOM"的折扣形式则意味着如果采购方将账单在合同开始的月底之后10天内付清,则可以享受2%的折扣。在预付款时采购方同样可以享受价格折扣。

(4)季节性折扣。季节性折扣是一种用来刺激采购方在销售淡季时采购商品的折扣方式,这样可以刺激季节性需求。这是采购方需要确定由于折扣带来的收益是否能抵消由于库存增加带来的成本,一种避免持有库存成本的方法就是在淡季的时候购买商品,但是将商品的交货时间推后。

这种季节性折扣的变形方式是采购方在销售淡季时把商品运走,但是付款时间拖后而不是立即付款。这样,尽管价格没有折扣,但是延迟的货款交付可以抵消掉没有获得折扣带来的损失。另外,这种季节性折扣可能会影响采购方对库存保管费用的分摊。

练习与思考

1. 填空题

(1)________是构成价格的基础。

(2)竞争导向定价法是以________为中心的、以________的定价为依据的定价方法。

(3)________、需求、________是影响供应商定价的最基本因素。

(4)需求导向定价法是指供应商根据________和________分别确定产品价格的一种定价方式。

(5)成本导向定价法是一种________的定价方法,也是传统的、运用得较普遍的定价方式。具体做法是按产品成本加一定的利润定价,也称“成本加成定价法”。

(6)理解价值定价法是指企业按照购买者或消费者对________及其________的认识程度和感觉定价。

2. 简答题

(1)影响产品定价的因素有哪些?

(2)制定产品定价的方法有哪些?

(3)产品营销价格的制定程序一般有哪几个步骤?

(4)价格垄断的两种类型是什么?

第四章

销售与售后服务

学习目标

1. 掌握农机销售人员应有的素质要求。
2. 掌握农机销售人员的商务礼仪要求。
3. 熟悉销售管理的方法。
4. 能够妥善处理客户异议。
5. 熟悉农机企业售后服务管理的内容。

学习要求

能力目标	知识要点	权重/%
了解作为农机销售人员应具备的基本素质与礼仪要求	农机销售人员的基本素质； 礼仪的要求及礼仪的功能； 男士、女士着装礼仪； 农机销售人员其他商务礼仪规范	30
掌握销售管理的目的与方法	销售的定义、销售目标管理、制订销售计划的原则	40
能够运用知识，合理处理客户异议	开放式提问； 封闭式提问； 5W1H 基本提问法	30

引例

小王在对农机销售市场进行了解后，感觉作为农机销售人员的收入很可观，想要成为一名农机销售人员，在找工作前，他想先自行查阅资料学习相关知识，但是他不知道自己应该具备怎样的基本素质、基本知识、基本能力才能够胜任这项工作。

第一节　塑造专业农机销售人员

一、农机销售人员的素质要求

（一）农机销售人员的基本素质

农机销售人员也称为销售顾问、销售员或销售专员，主要从事农机销售工作。农机销售人员是企业“第一印象”的体现者，也是业务成交的关键。愉悦的交往、完美的表达、美好人性的展现、高水平专业能力的显示，都是与客户沟通的重要方面，都有助于业务的成交。农机销售人员的行为发生必须依赖人自身的素质。因此，每一个企业都必须重视农机销售人员的基本素质培养，其基本素质达不到一定水平，其行为就表现不出来。发自内心的笑容不是任何一个人随时都能做到的。作为农机销售人员必须具备以下基本素质。

1. 服务意识

农机销售是服务型岗位，服务对象是拥有或者即将拥有农业机械的农户，所以服务意识特别重要。一句贴心的问候、一杯淡淡的清茶，看似简单，但是对不具备良好服务意识的人却很难做到，农机销售企业的优秀销售人员必须具备良好的服务意识，能够发自内心地喜爱自己的工作，热情地为客户服务，这是最基本的要求。

2. 真诚互惠意识

农机销售人员对外代表企业，要时刻照顾企业的利益，但同样不能忽略了客户的利益。其必须具备真诚的互惠意识，才能在销售岗位发挥作用。若工作中没有平衡好双方的利益，就会造成一方的损失，不是损害了企业的利益，就是得罪了客户。其唯有具备真诚互惠的意识，做好双方利益的平衡，才能维护好与客户的关系，保障企业的利益。

3. 沟通交往意识

农机销售人员的工作任务是销售，其主要工作方式就是与客户和其他人员的交流与沟通，要不断地与客户、技术部、维修部、客服、甚至保洁沟通，这种多层次多角度的沟通仅有能力还不够，还必须具备沟通的意识和技巧。日常工作中，因为沟通不畅造成的内部矛盾和客户抱怨的例子不胜枚举。因此，作为一个合格的销售人员必须具备良好的沟通交往意识。

4. 应变与创新意识

农机销售人员每天要面对各种各样的问题和矛盾，甚至冲突，如价格是否合理、交车是否及时、配件质量是否过关、结算是否快捷等，这时，农机销售人员的应变和创新能力就特别关键，客户的满意除了企业满足对方的实际需求以外，还要看销售人员面对复杂问题时的应对能力和处理方案。所以，在面对各种局面时能否适时应变，能否解决问题，也是农机销售人员必须具备的基本素质和能力。

5. 塑造形象意识

农机销售人员是企业形象的第一展示人，承担着塑造自身形象和企业形象的双重任务，所以要时刻注意自己的身份，具有塑造企业形象的意识，这也是销售人员必须具备的基本素质。

(二) 农机销售人员的心理素质

农机销售工作是一项很辛苦且易受挫折的工作。以产品销售为例，很多优秀的销售人员，他们最初涉足农机销售工作，可以说是一种被“逼”的行为。在最困难的时候，在前途一片漆黑的时候，首先是被生活所逼，然后才是成功，从没受过挫折的销售人员所占的比例极少。大部分销售人员在到达销售巅峰之路上饱受身心的“煎熬”,如何突破这些心理考验,练就过硬的心理素质,做到以下几点非常重要。

1. 必须克服“羞涩、怯懦心理”

由于社会、家庭环境和教育的影响,大多数人在平时与人沟通的能力很强,但是正式进入销售员的角色时,才发现正式的销售工作所需要的心理素质与平时在生活中与人沟通是两码事。特别是刚出校门的学生,第一次拜访客户,可能会在门口徘徊很久才敢走进去,出来后心跳得很厉害,有的甚至是飞一般地跑了出来。每当见到客户时说话语无伦次,声音比蚊子飞的声音还小,连自己说了些什么都不知道。克服羞涩、怯懦、缺乏自信的最好办法就是多拜访、勤总结,可以对着镜子模拟拜访演说,你会发现自己简直是天生的销售人才。

2. 必须杜绝气馁、懒惰心理

懒惰心理的产生实际上是一种激情消退的过程,一般产生在有一段“销售史”之后,懒惰是人的本性。很多时候我们都是在拒绝中生活,成交的概率好像永远没有失败的比例高,听多了激情澎湃的潜能培训和千万富翁速成记,听觉、视觉、感官已经十分迟钝、疲惫,人的情绪很容易跌落到最低谷。建议大家系统地学习一些情绪管理方面的知识,最好的办法是要管理自己的情绪周期,适时给予调整。尝试进行一些户外活动,一般很有效,如当心情不好的时候可以尝试拼命长跑。实际上再先进的管理工具或手段都只能是治标不治本的,关键在于个人对销售工作的热忱和荣誉感。

3. 需要修正“抱怨心理”

抱怨的产生是对现实的不满,对公司、对客户的不满,可能有时候并不是你的错,不管你有多大的能耐,可大多时候你是无法改变现实状况的,你最好的选择就是改变自己,改变自己的思维方式,少一些抱怨,多一些进取。特别是在带领销售团队的时候十分重要,销售人员是因为问题的存在而存在,问题有多大,销售人员的价值就有多大。

4. 力戒“骄傲、自负心理”

骄傲、自负心理的产生一般以高业绩为后盾，实际上销售业绩和销售人员的自身素质与能力有很大的关系。作为一个职业销售人员一定要记住“巧妇难为无米之炊”。销售业绩的取得是众多因素共同作用的结果，如促销、广告宣传、生产、财务部门的配合，换句话说就是众多因素成就了你，时势造就英雄，不要盲目相信自己永远是常胜将军，骄傲自满的心理贻害无穷，值得每一个销售人员警醒。

销售人员的心理素质一般需要相当长一段时间的锤炼，良好的心理素质和你所具体从事的销售业务以及自身的领悟能力有很大的关系。销售人员要具备“一切都是我的错”的良好从业心理素质，敢于担当，敢于负责来成就职业销售巅峰。

(三) 优秀农机销售人员应具备的条件

优秀农机销售人员除了以上的基本素质和心理素质外，还应该具备一些基本能力和条件才能做好农机销售工作。

1. 内在动力

“不同的人有不同的动力——自尊心、幸福、金钱……”，一位专家说：“所有优秀的销售人员都有个共同点，有成为杰出之士的无尽动力。”这种强烈的内在动力可以通过锤炼和磨炼形成，但动力不是能教会的。一位知名企业的培训经理说：“我们需要那种能够耐心回答客户可能提出的第 10 个问题的销售人员，那种愿意和客户在一起的销售人员。”

2. 严谨的工作作风

不管销售人员的动机如何，如果组织不好，凝聚力不强，工作不尽责，他们就不能满足现在客户越来越多的要求。优秀的销售人员能坚持制订详细周密的计划，然后坚决执行。在销售工作中没有什么神奇的方法，有的只是严密的组织和勤奋的工作。优秀的销售人员依靠的是勤奋地工作，而不是运气或是雕虫小技。有人说他们能碰到好运气，那是因为他们早出晚归，有时为一项销售计划要工作到凌晨两点，或是在休息时间还要与客户商谈。

3. 完成销售工作的能力

如果一个销售人员不能让客户订货，其他技巧都是空谈。不能成交就称不上推销。因此，一名优秀的销售人员，其百折不挠、坚持到底的精神非常重要。优秀的销售人员和优秀的运动员一样。他们不畏惧失败，直到最后一刻也不会放弃努力。优秀销售人员失败率较低的原因就是他们对自己和推销的产品深信不疑。优秀的销售人员非常自信，认为自己的决策是正确的。他们十分渴望做成交易，在法律和道德允许的范围内无论采用何种方法也要使交易成功。

4. 建立关系的能力

在当今的关系销售环境中，优秀的销售人员最重要的一点就是成为解决客户问题的能手，成为与客户建立关系的行家。他们可以本能地理解和掌握客户的需求。如果你向销售主管了解销售人员的状态，他们会给你这样描述优秀的销售人员：全神贯注、有耐心、够周到、反应迅速、能倾听、十分真诚。优秀的销售人员能够站在客户的立场上，用客户的眼光看问题。当今客户寻求的是业务伙伴，而不是打高尔夫的伙伴。一位著名的推销顾问曾说道："要目的明确，优秀的销售人员不是讨别人的喜欢，他们要的就是盈利。"他还补充道："优秀的销售人员总是想到客户的业务将向何处发展，他们怎样才能帮上客户的忙。"

当然，作为一名优秀的农机销售人员，所需要的能力远不止这么多，如还必须具备接待能力、洽谈能力、心理承受能力、农机操作能力、常用维修项目和配件价格的记忆与速查能力、日常业务处理能力、策划能力等，这就需要销售人员在工作中不断学习、不断总结、不断提升自己，最终成长为优秀的销售人才。

二、农机销售人员的商务礼仪要求

礼仪是人们在社会交往活动中，为了相互尊重，在仪容、仪表、仪态、仪式、言谈举止等方面约定俗成、共同认可的行为规范。礼仪是对礼节、礼貌、仪态和仪式的统称。礼仪是塑造形象的重要手段，既是对他人尊重的体现，也是对自己有好处的事。

（一）礼仪原则

1. 真诚尊重原则

真诚是对人对事的一种实事求是的态度，是待人真心诚意、表里如一的友善表现。在人际交往中，不自欺，也不欺人，待人真诚会很快得到别人的信任，反之会得到"虚伪""骗子"等有损个人形象的评价，会使正常交往难以继续。真诚是人与人相处的基础，是礼仪的一条重要原则。

每个人在社会交往活动中都应该诚心待人，恪守信用，履行承诺，处处不可失敬于人，不伤害他人的尊严，不侮辱对方的人格。只有真诚奉献，才有丰硕收获；只有真诚尊重，方能使对方心心相印，友谊地久天长。掌握了这一点，就等于掌握了礼仪的灵魂。

2. 平等适度原则

在社交场合中，礼仪行为总是表现为双方的互动，不论哪一方是施礼者，哪一方是受礼者，双方都要一视同仁，给予对方同等程度的礼遇，不允许因为交往对象彼此之间的年龄、性别、种族、文化、职业、身份、地位、财富以及与自己关系亲疏远近等有所不同而厚此薄彼，区别对待。平等在交往中表现为不自负、不骄狂，不我行我素，不自以为是、傲视一切、目中无人。平等是人与人交往时建立情感的基础，是保持良好人际关系的诀窍。

3. 自信谦逊原则

自信是相信自己的想法和力量，依靠自己的努力，来克服种种困难，达到预定的目标。自信是社交场合很可贵的心理素质。唯有对自己充满信心，才能在交往中不卑不亢，落落大方，遇到强者不自惭，遇到磨难不气馁，遇到侮辱敢于挺身反击，遇到弱者会伸出援助之手。自信是一种内在力量，人们越是自信，就越有可能建立有益的而不是破坏性的人际关系。

谦逊就是虚心、不自满。谦逊是一种美德，它本身也是一种礼貌的体现，在社会交往中只有谦逊礼让、不摆架子、不自以为是的人才能使人感到容易接近，才能给人可以依赖、可以合作的印象。

4. 遵守信用原则

礼仪作为行为规范、处事的准则，反映了人们共同的利益，社会上的各民族、各党派、各阶层人士都有责任和义务维护它，共同遵守它。每个人要知礼，守礼，自我约束，爱护公物，遵守公共秩序，尊老爱幼，坚持正义，爱护动物……，在社会生活中时时处处自觉遵守礼仪规范，努力树立良好形象，做一个受大家欢迎的人，谁违背了礼仪规范，自然会受到公众的批评和指责。

讲信用即讲信誉，在人际交往中要讲真话，遵守诺言，实践诺言。孔子说："民无信而不立，与朋友交，言而有信。"强调的正是守信用的原则。在社交场合，尤其重视守时、守约、守规，所以，如果没有十足的把握就不要轻易许诺他人，许诺他人做不到，反而让人觉得不守信用，失信于人。

5. 宽容关怀原则

宽容的原则，即与人为善的原则。所谓宽容，是指心胸宽广，忍耐性强。宽容是一种较高的思想境界，容忍别人有行动与见解的自由，对不同于自己和传统观点的见解要耐心公正地对待。要宽容，就要做到将心比心，多容忍他人，多体谅他人，多理解他人，千万不要求全责备，斤斤计较，过分苛求，咄咄逼人。但是宽容是有原则的，不是无底线的一味地迁就和礼让。总而言之，在社交活动中，一个有宽阔胸怀的人往往能宽容别人，也易于博得他人的爱戴和敬重。

（二）礼仪的功能

1. 礼仪有助于塑造良好形象

出于自尊的原因，人人都希望自己在公众面前有一个良好的形象，以受到别人的信任和尊重，使人际关系和谐、融洽。所以，人们非常重视为自己塑造一个良好的社会形象。

礼仪是塑造形象的重要手段，在社交活动中，交谈讲究礼仪，可以变得文明；举止讲究礼仪，可以变得高雅；穿着讲究礼仪，可以变得美观；行为讲究礼仪，可以变得优雅；只有讲究礼仪，事事才能做得恰到好处。总之，一个人知晓礼仪、讲究礼仪、运用礼仪，就可以变得充满魅力。

一个单位、一个企业通过讲究礼仪，可以在公众心目中塑造出良好的社会形象，使自己在激烈的市场竞争中广交朋友，办起事来可以左右逢源，产生很好的社会利益和经济利益。

2. 礼仪有助于销售工作的进行

农机产品的销售和服务不同于其他产品，因为产品的特殊性，很多时候需要销售人员亲自给客户演示，所以很多时候在着装上不需要像汽车、房地产销售人员那样西装革履。但是在某些重要场合，如会见重要客户的时候，依然需要穿着正装。在平时的销售工作中即便不着正装，每一个销售人员也必须掌握一些基本的商务礼仪。商务礼仪必须贯穿在销售工作的每一个环节中，每个小的细节都可能影响客户对销售人员的印象进而影响农机销售工作。

(三) 仪容仪表要求

即使我们不断强调人的内涵重于外表，但美国人文科学学会研究表明：人与人之间第一印象如何，93%取决于对方的外表。人与人相识，第一印象往往是在前几秒钟形成的，而要改变它，却需付出很长时间的努力。因此，人的仪容仪表、言谈举止、行为动作是构成第一印象整体的关键因素。

农机销售人员每天上班前必须对自己的仪容仪表进行检查，除了符合企业的要求外，还可以增加自信心。

(四) 男士商务着装

男士商务着装中最主要的部分是西装，即商务西服套装(business suit)，一般为上衣和裤子两件套，有些时候还会多一件马甲变为三件套。除此之外，还要配上衬衫、领带、皮鞋、袜子和皮带(图 4-1)。在西方国家，西装是男士的传统着装，它本来并非商务着装，而是白领人士社交时才穿着的正规套装。

图 4-1　现代商务着装示例

现在的商务西装趋向简略，但对于面料、剪裁以及着装礼仪依然非常讲究。西装的基础格式有单排扣(single breasted)和双排扣(double breasted)两种。欧洲人倾向于选择双排扣的西装；而亚洲人则多选择单排扣的西装。单排扣也有不同数量的纽扣，作为商务西装，多以单排2粒扣或单排3粒扣为主。

1. 西服着装

剪裁得体的西服套装(suit)可以选择藏蓝色、灰色、黑色、米色、棕色或者带有暗条纹。在庄重场所和正式场合中，男士应当穿着正式商务着装(formal business attire)，即西装应当是深色的，一般来说，藏蓝色适用于正式商务场所；而黑色西装则更适合商务晚宴或聚首时穿着。

2. 色彩及配饰

系领带时，衬衫的纽扣必须全系上。领带的色彩应当比衬衫的色彩深一些。打好的领带长度应当刚好到皮带扣上。如果西装和衬衫看上去比较平庸，可以系一条有图案的领带，但不要太过花哨。男士商务着装全身衣着的色彩加起来应在3种之内。

穿西装裤时要系上皮带，皮带要选择质量好的，色彩要与衣服相配。通常穿藏蓝色、灰色或黑色的西装裤适合配黑色皮带；米色或棕色的西装裤适合配棕色的皮带。皮带扣的金属色彩可以是金色或银色的。其他金属配饰，比如手表、袖扣等应当与皮带扣的色彩一致。

男士至少应当有两双质量较好的皮鞋，皮鞋的色彩要与皮带一致。正式场所最好穿系带的皮鞋。皮鞋的鞋跟和鞋底不能是橡胶质地的，最好是皮质地的或木质地的鞋跟及鞋底。袜子的色彩可以选择与皮鞋同色或接近的色彩。对于职业男士而言，公文包的颜色应当和身上其他皮具的颜色保持一致。

3. 衬衫

白色的长袖衬衫是搭配西装最好的选择，其次是浅蓝色带有过细的条纹或小格子图案的衬衫。有领扣的衬衫(button-down collar)只合适于较随便的场所。衬衫袖口应露出西装外1～2 cm；衬衫衣领应高出西装衣领0.5～1 cm。这样既雅观又可以起到维护西装的作用。此外，衬衫的纽扣必须全系上。

4. 领带

领带的色彩应当比衬衫的色彩深一些。打好的领带长度应当刚好到皮带扣上。如果西装和衬衫看上去比较平庸,可以系一条有图案的领带,但不要太过花哨。男士商务着装全身衣着的色彩加起来应在 3 种色彩之内。

(五) 女士商务着装

女士服装的格式和色彩比男士服装丰盛许多,因此,在选择服装时,最主要的是要遵守着装礼仪的 TOP 原则。一般情形下,商务着装要体现稳重、得体、整洁、大气的职业形象。职业形象的定位因不同行业、不同工作岗位有所差别。

在农机销售的实际工作环境中,女士的商务着装,可以不像男士那样受色彩的限制,但格式还是要选择简练、大方的。使其的服装与其的工作环境、身份、职位要达到协调统一。

在庄重的正式商务场所中,建议女士穿着深色的西服套装(图 4-1)。套装的首选是裙装,其次是裤装。搭配的衬衣最好是纯色的,色彩以淡雅为佳,女士着装的具体要求如下。

1. 套装

职业套装讲求合身(tailor fit),太宽松的衣服显得人不老练。女士用来搭配西服的配饰并不像男士那样有特定的要求,除搭配传统格式的衬衫以外,也可以选择无领的衬衫。一般情形下,衬衫可以是纯色的,也可以是花色的,但不要太鲜艳、抢眼。

在正式的商务场所中,无论什么季节,正式的商务套装都必须是长袖的。职业女性日常上班时不必天天都要穿套装,上衣和裙子可以用不同的色彩来搭配;也可以穿着淡雅的针织衫。

2. 袜子、裙子

穿职业套装时,女士最好穿丝袜,肉色的丝袜可以搭配任何服装。穿深色套装时也可以搭配黑色丝袜,但切忌搭配渔网、暗花之类过于性感的丝袜。丝袜的长度很重要,切忌穿裙子时搭配短丝袜。短裙、皮裙、迷你裙、吊带裙、七分裤等服装不适于商务场所穿着。

职业裙装的裙子应当长及膝盖，坐下时直筒裙会自然向上缩短，如果裙子向上缩短后，距离膝盖的长度超过 10 cm，就表明这条裙子过短或过窄，不宜在正式场合穿着。

3. 配饰

商务场所中，职业女士佩戴的饰物与服装要和谐搭配，格式简略、精巧，饰物不宜过多，最好保持在 3 件以内。长头发的女士可以佩戴简略的发夹，切忌夸张的头饰。职业女性应当化淡妆，这样不仅可以让自己看起来更漂亮、更精美，同时也表达了对他人的尊敬。

4. 鞋

鞋可以选择中高跟皮鞋，船鞋最适合搭配女士的职业套装。露出脚趾和脚后跟的凉鞋不适合在商务场所穿着。没有后帮的鞋也只能在非商务场合穿着。任何有亮片或水晶装潢的鞋都不适合于商务场所穿着，这类鞋只适合正式或半正式的社交场所。

(六) 职场六忌

1. 过于鲜艳

着装过于鲜艳是指商务人员在正式场合的着装色彩较为繁杂，过分鲜艳，如衣服图案过分烦琐以及标新立异等问题。

2. 过于杂乱

着装过于杂乱是指不按照正式场合的规范化要求着装。杂乱的着装极易给人留下不良印象，容易使客户对企业的规范化管理产生疑虑。

3. 过于暴露

在正式的商务场合身体的某些部位是不适宜暴露的，如胸部、肩部、大腿。在正式的商务场合通常要求衣着整齐、美观大方，不得暴露胸部，不得暴露肩部，不得暴露大腿。

4. 过于透视

在社交场合穿着透视装往往是允许的，但是在正式的商务交往中着装过分透视就有失于对客户的尊重，有失敬于对方的嫌疑。

5. 过于短小

在正式场合，商务人员的着装不可以过于短小。如不可以穿短裤、超短裙，非常重要的场合不允许穿露脐装、短袖衬衫等。特别需要强调的是，男士在正式场合身着短裤是绝对不允许的。

6. 过于紧身

在社交场合身着非常紧身的服装是允许的。但是必须强调在工作场合和社交场合是有所区别的。因此，在比较正式的场合不可以穿着过分紧身的服装。设想一下，当商务人员在工作场合穿着过于紧身的服装，身体线条凸显分明，又怎能体现其庄重呢？

第二节 认识销售与销售管理

一、销售的定义

销售是创造、沟通与传送价值给顾客，及经营顾客关系以便让组织与其利益关系人受益的一种组织功能与程序。也可以说销售就是介绍商品提供的利益，以满足客户特定需求的过程。商品包括有形的商品及其附带的无形服务，满足客户特定的需求是指客户特定的欲望被满足，或者客户特定的问题被解决。能够满足客户这种特定需求的，唯有依靠商品提供的特别利益。

销售是一项报酬率较高的艰难工作，也是一项报酬率较低的轻松工作。就销售工作而言，说大不大，说小不小。小可做一针一线，大可做跨国集团。但究其本质都是相似的。你的工作能力和业务水平决定了你的报酬。你可以成为一个高收入的辛勤工作者，也可以成为一个收入最低的轻松工作者。这一切完全取决于你的工作投入程度和工作能力。

从以上的定义中可以看出销售工作是一个繁杂的系统工程，其中每个环节都是非常重要和不可缺少的。

①销售不是单纯地解说商品的功能，而是要深入地了解客户的需求，进行有针对性的介绍，注重效果。

②在与客户沟通过程中，不要试图说服客户，要让客户感觉到尊重，要由客户自己来做决定，要让客户发自内心地认同。

③销售不是炫耀自己的专业，而是要注意倾听，让客户说出自己的想法，销售人员要谦虚，要让客户感觉到轻松和愉悦。

④销售不只是销售商品，最关键的是要赢得客户的理解和信任，真诚是销售人员最有力的武器。

二、销售与营销的区别

1. 包含的内容不同

营销是一个系统，销售是营销的一部分。营销包括：市场调研、市场推广、品牌策划、产品销售、客户服务等。

2. 思考的角度不同

销售主要是以产品或服务来吸引、寻找客户，这是一种由内向外的思维方式。营销则是以客户需求为导向，并把如何有效促进客户成交作为首要任务，这是一种由外而内的思维方式。

3. 结果的诉求不同

销售是把产品卖好，是销售已有的产品，把现有的产品卖好。营销是让产品好卖，是产品的销售策划、推广，营销的目的是让销售更简单，让产品更好卖。

三、销售管理

销售管理是指通过销售报价、销售订单、销售发货、退货、销售发票处理、客户管理、价格管理等环节，对销售全过程进行有效的控制和跟踪。可以帮助企业的销售人员完成客户档案管理、销售报价管理、销售订单管理、客户订金管理、客户信用检查、提货单及销售提货处理、销售发票及客户退货、货款拒付处理等一系列销售管理事务。可以通过内部的信息共享，使企业的领导和相关部门及时掌握销售订单内容，准确地做出生产计划及其他计划安排，可以及时了解销售过程中每个环节的准确情况和数据信息。同时，通过减少订单准备时间，降低出错率及迅速解答客户查询来体现企业的管理能力和服务水平。该系统与库存管理系统、应收管理、生产、成本等子系统结合应用，能提供企业全面的销售业务信息管理。

销售管理是为了实现各种组织目标，建立和保持与目标市场之间的有益交换和联系而进行的分析、计划、执行、监督和控制。通过计划、执行、监督及控制企业的销售活动，以达到企业的销售目标。

销售环节是将商品与货币进行交换，企业只有销售才能实现利润，所以销售是企业的命脉。销售精英是所有企业中地位最稳固、最强势、平均收入最高的那一小批人，也是从来不用担心失业，各大企业重金招揽的社会精英。

企业不仅要进行销售管理，作为销售人员自身也要进行销售管理。首先销售人员应该管理自身，从时间管理开始。人们常说，平等是相对的，不平等是绝对的。但时间是个例外，它对每个人都是公平的。因此，一定要将每天的工作按照最重要、重要、次重要和非重要的顺序来安排，并且配合客户的作息时间。其次就是要对自己的客户进行管理，可以配合销售管理软件来实现。销售管理软件是管理客户档案、销售线索、销售活动、业务报告、统计销售业绩的有效工具，适合企业销售部门办公和管理使用。其可协助销售经理和销售人员快速管理客户、销售和业务的重要数据，实现销售管理智能化。一般利用客户分级制度，将客户分为 H(1 周内购车)、A(1 个月内购车)、B(3 个月内购车)、C(超过 3 个月，但有意向购车)、D(战败)、O(已订车)几个等级，并且记录有关每个客户的重要信息，方便销售人员随时查阅与进行电话联系。

第三节　确定销售目标与制订销售计划

一、销售目标管理

销售目标管理就是通过设定合理的销售目标，并对其进行合理的分解，通过合适的手段予以实施和监控，并关注最终结果和评估的一种管理过程。

销售目标管理的概念是管理专家彼得·德鲁克（Peter Drucker）1954 年在其名著《管理实践》中最先提出的，其后他又提出“目标管理和自我控制”的主张。德鲁克认为，并不是有了工作才有目标，而是相反，有了目标才能确定每个人的工作。所以“企业的使命和任务，必须转化为目标”，如果一个领域没有目标，这个领域的工作必然被忽视。因此，管理者应该通过目标对下级进行管理，当组织最高层管理者确定了组织目标后，必须对其进行有效分解，转变成各部门、各级以及各个人的分目标，管理者根据分目标的完成情况对下级进行考核、评价和奖惩。

目标管理提出以后，便在美国迅速流传。时值第二次世界大战后西方经济由恢复转向迅速发展的时期，企业急需采用新的方法调动员工积极性以提高竞争能力，目标管理的出现可谓应运而生，并被广泛应用，很快为日本、西欧各国的企业所仿效，在世界管理界大行其道。

目标管理的具体形式多种多样，但其基本内容是一样的。所谓目标管理，乃是一种程序或过程，它使组织中的上级和下级一起协商，根据组织的使命确定一定时期内组织的总目标，由此决定上、下级的责任和分目标，并把这些目标作为组织经营、评估和奖励每个单位和个人贡献的标准。

目标管理指导思想是以理论为基础，即认为在目标明确的条件下，人们能够对自己负责。其在具体方法上是对泰勒科学管理的进一步发展。它与传统管理方式相比有鲜明的特点，可概括为 3 个重要方面。

1. 重视人的因素

目标管理是一种参与的、民主的、自我控制的管理制度，也是一种把个人需求与组织目标结合起来的管理制度。在这一制度下，上级与下级的关系是平等、尊重、依赖和支持的，下级在承诺目标和被授权之后是自觉、自主和自治的。

2. 建立目标锁链与目标体系

目标管理通过专门设计的过程，将组织的整体目标逐级分解，转换为各单位、各部门、各员工的分目标。从组织目标到经营单位目标，再到部门目标，最后到个人目标。在目标分解过程中，权、责、利三者已经明确，而且相互对称。这些目标方向一致，环环相扣，相互配合，形成协调统一的目标体系。只有每个人都完成了自己的分目标，整个企业的总目标才有完成的希望。

3. 重视成果

目标管理以制定目标为起点，以目标完成情况考核为终结。工作成果是评定目标完成程度的标准，也是人事考核和奖评的依据，更是评价管理工作绩效的唯一标志。至于完成目标的具体过程、途径和方法，上级并不过多干预。所以，在目标管理制度中，监督的成分很少，而控制目标实现的能力却很强。

在进行目标管理的时候，首先是确定目标，包括年度、季度、月销售目标，还可分为销售数量目标和利润目标等。

然后是分解目标，一般企业分解目标最小是以月份为单位，与员工商量并结合各人当月的实际工作情况制定每个销售人员的销售目标，这个目标一般是经过努力就能够达到，稍微松懈就很可能不能达成的目标。

某些达到一定规模的企业，会要求区域经理、销售经理、营销总经理签订目标责任书，以使每一级人员都有紧迫感，这样做的好处是让每一级人员都有充足的动力。但也有弊端，如果遇到市场情况不好的时候，企业为了达成生产厂家的目标，得到目标奖励，会超量进货，产生库存积压，库存太多既增加了经营风险，也会影响销售出的产品质量，严重者会导致企业资金链断裂。所以在承接目标任务的时候要量力而行。

最后，有目标就要进行目标考核。目标一般有硬性目标和软性目标，有奖励性的和惩罚性的，目标管理作为激励员工动力的机制，那么奖励就一定要奖得大方，惩罚就一定要罚得痛，要让有天赋的员工经过努力赚到钱，起到示范作用；让偷懒混日子的员工混不下去，知道企业不养懒人。

二、制订销售计划

销售计划是指导企业在计划期内进行产品销售活动的指导性文件。它规定企业在计划期内产品销售的品种、数量、销售价格、销售对象、销售渠道、销售期限、销售收入、销售费用、销售利润等。它是企业编制生产计划和财务计划的重要依据。企业的销售计划是在进行市场调查和预测、摸清社会需要和企业生产可能的基础上，根据国家下达的收购任务、已签订的长期供货协议和订货合同、需求预测资料等，由销售部门或由销售部门会同生产部门共同编制完成。

1. 销售计划的制订及分类

①销售计划从时间长短来分，可以分为周销售计划、月度销售计划、季度销售计划、年度销售计划等。

②销售计划从范围大小来分，可以分为企业总体销售计划、分公司（部门）销售计划、个人销售计划等。

③销售计划从市场区域来分，可以分为整体销售计划、区域销售计划。区域一般按大区或省区、地（市）、县（市）、乡镇等行政区域来划分，也可以根据公司的实际销售范围和统计区域来划分。

④销售计划根据企业的不同，可分为生产企业销售计划、流通企业销售计划、零售企业销售计划等，各类企业由于经营性质和销售产品的不同，其市场销售计划的制订方法和模式也不一样。

2. 制订销售计划的原则

销售计划的制订，必须有所依据，也就是要根据实际情况制订相关的销售计划。凭空想象、闭门造车、不切实际的销售计划，不但于销售无益，还会对销售活动和生产活动带来负面影响。制订销售计划，要遵照 6 个基本原则。

①结合本公司的生产情况。

②结合市场的需求情况。

③结合市场的竞争情况。

④结合上一销售计划的完成情况。

⑤结合销售队伍的建设情况。

⑥结合竞争对手的销售情况。务必做到有理有据、有的放矢。

第四节　客户需求分析及异议处理

分析客户需求是销售的一个关键点，知道客户需要什么，才能更好地制定销售策略。了解客户的真实需求，需要我们多站在客户的角度上思考问题，而在与客户交谈中，也要多用心聆听，从谈话内容中掌握用户的关注点是产品的质量、价格，还是优惠福利。察觉出用户的关注点之后，我们就可以适时地将谈话中心放在这些因素上，引导客户最终达成交易。为此，对于销售人员来说，如何了解客户的需求，确认客户的需求，去迎合客户的需求，就需要我们从实际出发，主动积极地开展多方面、多层次、多方式的营销活动。这里，为大家分享一些实用的方法。

（一）学会倾听

倾听能够有效地获得客户的好感，是扩展人际关系的一种有效手段。作为销售人员，要学会倾听，在和客户进行沟通时，认真的倾听客户所说的每一句话，学会站在客户的角度去考虑客户所说的每一句话的含义，从客户的利益点出发，了解客户的需求点，为客户解决问题。

（二）学会观察

做好销售工作是从心里征服客户开始的，对于销售人员来说，只有从心里征服客户，才能让客户第一时间考虑到你，有意向和你进行合作。因此，销售人员要学会观察，观察客户的一言一行，对客户进行性格方面的分析，从而更好地了解客户的需求点，从客户的需求点去赢得客户。

（三）学会提问

提问是一种与客户交流的技巧，在提问前，我们要经过深思熟虑，不要未经思考就脱口而出。在提问过程中，要注意语气和问题的提出，避免触及客户的痛处，使得原本好好的气氛被破坏，造成客户的流失。提问要做到根据客户的性格进行有效提问，要避免出现一些客户不喜欢的词语，同时，要避免在客户面前出现粗鲁行为，切忌出现诋毁竞争对手的话语。通过有技巧的提问，对客户进行分析，分析其性格特点，分析其对市场的需求。

1. 提问的技巧

一般情况下，不要限定客户的答案。你应该提一个开放性的问题，使客户有发挥的空间，这样会更有利于谈话的进行。要避免提出对销售工作无用的问题。不要提那些看上去是问题，但是实际上不便回答的问题。在提问之前，要想一想对方可能会做哪一方面的回答，要掌握问答的方向。通过有效的问答，掌握销售工作的主动权。

①了解信息。通过提问，销售人员可以了解到客户的信息，了解到客户将来的打算，客户的生活方式、客户的需求和其他一些详细情况，以及了解客户所需要的产品。

②引导谈话。在销售工作中，谁决定接下来将要谈论的话题，当然是问话的人，所以提问题也就意味着销售人员是引导谈话的人。

③给客户"被重视"的感觉。销售人员能了解所需要的信息是因为他引导了这个谈话。给客户机会谈论他自己或他认为重要的东西。人们都喜欢谈论自己，因为这对他来说是最重要的事情。通过提问和让客户谈论自己，能让客户有被重视的感觉。

④获取信任。若客户感觉他受到了重视，他就会更坦诚，销售人员就能通过提问较多的问题来获取更多的信息。

⑤避免误解。通过提问了解客户更多的信息，避免错误理解客户的意思。

2.提问的方式

(1) 封闭式问题

封闭式提问是指提问者提出的问题带有预设的答案，回答者的回答不需要展开，从而使提问者可以明确某些问题。封闭式提问一般在明确问题时使用，用来澄清事实，获取重点，缩小讨论范围。

(2) 开放式提问

开放式提问是心理咨询中使用的一种技术，是指提出比较概括、广泛、范围较大的问题，对回答的内容限制不严格，给对方以充分自由发挥的余地。开放式问题常常运用包括“什么”“怎么”“为什么”等词在内的语句发问。让受访者对有关的问题、事件给予较为详细的反应，而不是仅仅以“是”或“不是”等几个简单的词来回答。这样的问题是引起对方话题的一种方式，使对方能更多地讲出有关情况、想法、情绪等。如我有什么可以帮你吗？你觉得在买一部农机时，什么是最重要的？你为什么想要买这种农机呢？

一般提问的方向可以用“5W1H”来归纳。

①Why——为什么做这件事？(目的)

②What——怎么回事？(对象)

③Where——在什么地方执行？(地点)

④When——什么时间执行？什么时间完成？(时间)

⑤Who——谁？(人员)

⑥How——怎样执行？采取哪些有效措施？(方法)

(3) 提问的顺序

提问的顺序为先进行“一般性提问”，问过去的事情；再用“确定性问题”了解客户现在的需求；最后用“联系性问题”，了解客户的购买标准。

一般性提问是问过去的问题，用来了解购买动机。通过以往的经验确定现在的情况，即客户想要什么。确定性问题是问现在的问题，用来了解购买需求，了解需求背后的理性动机和感性动机。联系性问题是问将来的问题，用来了解购买标准，把客户的需求和产品的特性利益联系起来，让客户知道产品的特性利益如何与他的需求挂钩,建立客户的购买信心,让客户了解产品的价值。

(四)客户异议处理

销售人员处理客户异议时应遵循哪些原则呢,针对不同的顾客异议有哪些不同的处理方法,在处理客户异议时,一定要仔细研判顾客异议的类型以及产生的原因,然后选择合适的处理方法。巧妙处理客户异议有5种方法。

1. 忽视法

所谓"忽视法",顾名思义,就是当客户提出一些反对意见,并不是真的想要获得解决或讨论时,如果这些意见和眼前的目的扯不上直接关系时,您只要面带笑容同意他的意见就好了。对于一些"为反对而反对"或"只是想表现自己的看法高人一等"的客户意见,若是您认真地处理,不但费时,还有旁生枝节的可能。因此,您只要让客户满足了表达的欲望,就可采用忽视法,迅速地引开话题。忽视法常用的方法有:①微笑点头,表示"同意"或表示"听了您的话";②"您真幽默";③"嗯! 真是高见!"。

2. 补偿法

当客户提出的异议有事实依据时,您应该承认并欣然接受,极力否认事实是不明智的举动。这时,您要给客户一些补偿,让他取得心理的慰藉和平衡,也就是让他产生两种感觉:①产品的价格与售价一致的感觉。②产品的优点对客户是重要的,产品没有的优点对客户而言是不太重要的。世界上没有一种十全十美的产品,当然产品的优点越多越好,但真正影响客户购买与否的关键点其实不多,补偿法能有效弥补产品本身的弱点。补偿法的运用范围非常广泛,实用效果也非常好。

3. 太极法

太极法用在销售上的基本做法是当客户提出某些不购买的异议时,销售人员能立刻回复说:"这正是我认为您要购买的理由!"如果销售人员能立即将客户的反对意见,直接转换成为他需要购买的理由则会收到事半功倍的效果。

太极法应用实例如:保险业——客户:"收入少,没有钱买保险。"销售人员:

"就是收入少,才更需要购买保险,以获得保障。"太极法能处理的异议多半是客户通常并不十分坚持的异议,特别是客户的一些借口,太极法最大的目的是让销售人员能借处理异议之机,迅速地陈述他能带给客户的利益,以引起客户的注意。

4. 询问法

询问法在处理异议中扮演着两个角色。①透过询问,把握住客户真正的异议点。②销售人员在没有确认客户反对意见的重点及程度前,直接回答客户的反对意见,往往可能会引出更多的异议,让销售人员自找烦恼。通过询问,销售人员能听到客户真实的反对原因,准确地把握住客户的质疑内容,使销售人员能有较多的时间思考如何处理客户的反对意见。

5. 直接反驳法

不要直接反驳客户。直接反驳客户容易陷于与客户争辩而不自知,往往事后懊恼,但已很难挽回。在有些情况下,销售人员必须直接反驳以纠正客户不正确的观点。如客户对销售人员的服务、企业的诚信有所怀疑时;客户引用的资料不正确时;出现上面两种状况时,销售人员必须直接反驳,因为客户若对销售人员的服务、企业的诚信有所怀疑,销售人员缔结成功的机会几乎可以说是零。如果客户引用的资料不正确,销售人员能以正确的资料佐证其的说法,客户会很容易接受,反而对销售人员更信任。使用直接反驳技巧时,在遣词用语方面要特别留意,态度要诚恳、对事不对人,切勿伤害了客户的自尊心,要让客户感受到销售人员的专业与敬业。

沟通技巧能帮助销售人员提高效率,但对异议秉持正确的态度,才能使其面对客户异议时能冷静、沉稳;冷静、沉稳才能辨别异议的真伪,才能从异议中发现客户的需求,才能把异议转换成为一个销售机会。因此,销售人员训练自己处理异议,不但要练习您的沟通技巧,同时也要培养自己面对客户异议的正确态度。当然,对客户市场需求进行有效分析的方法还有很多,需要我们去开发,去探索。需要在实际工作灵活运用,做到因地制宜,因人而异,应做到不要出现冷场。

第五节　农机市场售后服务现状

随着我国农业的不断发展，农民购买力的不断增强，农业机械的需求也日益增多。然而从农机行业整体来看，农机产品的售前服务普遍较好，农机企业也较为重视，而农机产品的售后服务则不然，往往是被忽视的部分。

（一）农机产品售后服务的主要内容

农机产品在销售后的服务是非常重要的，主要内容包括以下几个方面。

(1)为农机使用者安装和调试农机产品。

(2)根据农机使用者的要求进行农机使用相关方面的指导。

(3)保证农机产品维修的零部件供应。

(4)有对口维修人员负责维修服务。

(5)能对农机产品实行“三包”(包修、包换、包退)。

(6)能处理及解答农机使用者的咨询。

（二）我国农机企业售后服务存在的问题

(1)农机企业没有建立专业的售后服务体系。许多售后服务人员是从生产一线员工中抽调的，很难保证售后服务的质量。

(2)维修人员的专业技能不足。许多维修网点只能提供简单、临时维修服务，一旦遇到难度较大的维修问题，往往没有办法解决。

(3)售后服务信息沟通渠道不够顺畅。农机企业往往缺乏售后服务资料及配件库存管理系统，这就会导致一些配件供应紧张，而另一些配件库存过多，出现资金周转的问题。

(4)缺乏系统的培训机制，许多农机企业没有针对维修人员进行系统培训，会导致一些人为因素造成的故障及浪费，反而加大了服务的难度。

农机作业具有很强的季节性，作业时间短，强度高。如果一台农机在农忙时出现故障，若售后服务不及时，等修好了农忙季节可能也过去了，再用时就要等到下一年度了，所以农机企业要切实加强维修人员技能培训和服务能力培养，保证所售农机在农忙季节作业时服务及时、维修到位，保证用户在农忙作业时能正常使用农机。

第六节　开展售后服务管理

一、建立健全农机企业售后服务管理制度

售后服务管理制度是指产品在卖出后，对于客户使用中遇到的问题，进行售后保养、维护等服务的管理制度。建立此制度的目的在于提高企业的客户服务可信度，使客户放心地使用农机产品。但是，目前农机产品的售后服务仍存在较多的问题需要解决，详见表 4-1。

表 4-1　农机企业售后服务出现的问题

维度		特质	问题
服务质量5个维度	可靠性	准确可靠执行承诺的服务	维修质量差、出现质量问题难维权、存在拒绝“三包”情况
	响应性	主动、快速地提供服务	售后服务不及时、零配件供应不及时、故障处理不及时
	保证性	员工态度、行为使顾客信任	维修人员素质和维修技术水平低、人员数量不足
	移情性	给予顾客关心及个性化服务	“三包”外故障收费不合理、对用户缺乏必要的产品使用技术培训
	有形性	有形工具、设备、人员、书面材料	存在假劣零配件、未按规定建立维修网点、缺少检测设备、“三包”凭证不符合规定

二、农机售后服务质量管理的差距

农机售后服务质量管理的主要目的是保证最优的农机使用者感知服务质量，即填补农机使用者对售后服务质量的期望与实际售后质量体验感之间的差距，这些差距可以借鉴服务质量管理差距进行分析。分析模型如图 4-2 所示。

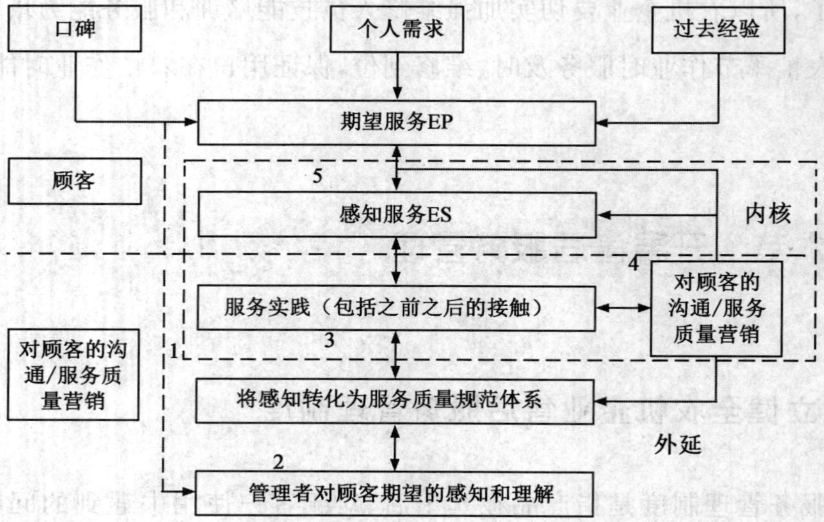

图 4-2 服务质量管理差距分析模型

根据图 4-2 的模型可知农机售后服务质量主要存在 5 种差距(图中用数字表示)。

1. 市场调查差距

市场调查差距是农机企业管理者对农机售后服务质量的理解与农机产品使用者对售后服务质量的期望之间的差距。形成差距的原因主要是服务管理者不清楚消费者对一项服务的质量期望是什么,售后服务往往并不受农机企业重视。因而无法有针对性地制定符合消费者要求的服务质量规范。

2. 设计差距

设计差距是农机企业售后服务质量体系与农机企业管理者对售后服务质量的理解之间的差距。形成差距的原因主要是农机企业管理者在制定企业售后服务质量体系的过程中不准确地表达了自己对售后服务质量的理解而导致的。当前,尽管农机产品种类繁多,但质量却参差不齐,许多企业生产的产品不能保证产品的质量,假冒伪劣产品时有发生,“三包”凭证缺失或有少数企业不实行“三包”政策,这也是农机企业管理者的决策行为的失误。

3. 一致性差距

一致性差距是农机服务质量体系与实际售后服务质量之间的差距。形成差距的原因主要是售后服务员工或销售人员未能准确理解自己企业制定的农机企业服务质量体系造成的。如一些维修设备简陋且缺乏修理技术人员的农机服务网点也打着修理各种农机的“旗号”，而“四无”（无营业执照、无固定维修场地、无量具、无拆装专用工具）农机维修点也不在少数，甚至有些修理店故意欺诈农机用户，将能正常使用的零件“谎称”报废、不能能用来赚“黑钱”。因此，维修人员的招聘、培训及管理都存在很大问题。

4.沟通差距

沟通差距是农机产品实际服务质量与服务质量营销的差距。许多农机企业通过虚假宣传，抬高企业产品的实际服务质量，这种过度的消费承诺是只求业绩不求质量的欺骗手段。

5.消费者满意度差距

消费者满意度差距是农机消费者对售后服务质量的期望与他们对售后服务质量的体验之间的差距。农机消费者对售后服务的期望和他们实际受到的服务体验间的比较，实际就是农机消费者的满意度差距。这种农机售后服务满意度差距往往体现在：一是其购买的农机产品在其所在区域没有建立维修网点；二是在农忙季节，即使是“三包”有效期内的农机产品出现使用故障，维修者往往不能在规定的时间内给予帮助和解决；三是售后服务维修网点没有对不实行“三包”的故障给予合理的收费；四是零配件供应不及时或质量太差的情况时有发生。另外，维修人员的技术水平低、数量少等问题也普遍存在。

第七节　提高售后服务质量

通过对农机售后服务质量存在的5种差距的分析，农机企业需要提出改善服务质量的对策和管理措施，提高售后服务质量与效率。

1.确认用户的服务期望

为了提供优良的售后服务，农机企业管理者要先了解农机用户需要的服务类型及质量要求，并对农机用户认为重要的部分做出详细分析。同时，农机企业管理者还要正确判断农机用户对售后服务质量的期望，避免因服务不到位引起农机用户的不满意。

2. 制定标准的服务质量体系

售后服务的质量往往与售后服务人员有直接关系，好的服务质量体系不仅要与农机用户的需要相符，还要能为农机售后服务人员从事售后服务提供标准化的要求，标准化的售后服务体系能够对售后服务人员的言语、行为、礼仪进行一定的约束。农机企业应提高对售后服务工作的重视程度，尽其所能地完善售后服务工作制度，并加强农机维修网点和零配件供应点的建设。

3. 培育优质员工

用户感受到的服务绝大部分是由农机销售员工直接提供的，其素质高低和能力大小直接决定服务质量的好坏。农机企业首先要对售后服务员工进行素质培养，一是农机企业应鼓励农机修理人员根据农机用户的反馈有针对性地参加技能培训；二是呼吁政府机关能重视技校学生的专业技能培养，并提供资金补助，督促技校学生能快速提高维修技能，并鼓励其毕业后从事农机维修相关工作。

4. 建立学习关系

农忙季节过后，农机使用者们往往对农业机械的质量、性能等有亲身感受及评价，农机企业应抓住时机对农机用户进行农机使用满意度调查，通过调查了解农机使用者对农机性能、质量的评价和建议，从而帮助农机企业对农机产品的设计和生产进行完善和改进。

练习与思考

1. 填空题

（1）作为农机营销人员，应该具备：__________、__________、__________、__________、__________的基本素质。

（2）礼仪的原则有：__________、__________、__________、

__________、__________。

(3)递名片时，起身站立，走上前，用双手或右手；______面对着对方，______者应当首先将名片递给______。

(4)电话礼仪中，一般来说，在办公室里，电话铃响______遍之前就应接听，______遍后就应道歉："对不起，让你久等了。"

(5)处理客户异议，常见的方法有：__________、__________、__________、__________、__________。

2.简答题

(1)什么是销售，销售和营销有什么区别？

(2)什么是销售目标管理，为什么要有销售目标管理？

(3)什么是开放式问题，它有什么作用？

(4)客户等级是怎样进行划分的？

(5)目前农机市场的售后服务存在哪些问题？

(6)如何改进农机售后服务质量？

扩展资料

一、注意事项

1.符合身份

鉴于每一位员工的形象均代表其所在单位的形象及企业的规范化管理程度，也反映了个人的修养和见识。因此，商务人员的着装必须与其所在单位形象、所从事的具体工作相称，做到男女有别、职级有别、身份有别、职业有别、岗位有别，即"干什么，像什么"。如此这般，才会使商务人员的着装能够恰到好处地反映自身的素质，反映企业的形象。

2.扬长避短

现实生活中，每个人的高矮胖瘦不同。商务场合着装强调扬长避短，重在

"避短"。如一位身材很好的女士,或许紧身上衣、迷你裙更能展现她的身材,但是这样的着装不适宜商务场合,商务场合还是应以职业套装为好。

3. 区分场合

在日常工作与生活中,商务人员的着装应当因场合不同而异,以不变应万变显然大为不妥。在不同的场合商务人员应该选择不同的服装,以此来体现自己的身份、修养与品位。一般而言,商务人员所涉及的诸多场合有公务场合、社交场合和休闲场合。

(1)公务场合

所谓公务场合是指执行公务时涉及的场合,一般包括在写字间里,在谈判厅里以及外出执行公务等情况。公务场合着装的基本要求为注重保守,宜穿套装、套裙,以及穿着制服。除此之外,还可以考虑选择长裤、长裙和长袖衬衫。不宜穿时装、便装。必须注意,在非常重要的场合,短袖衬衫不适合作为正装。

(2)社交场合

对商务人员而言,所谓社交场合是指工作之余在公众场合和同事、商务伙伴友好地进行交往应酬的场合。虽然这些场合不是在工作岗位上,但往往面对的是熟人。社交场合着装的基本要求为时尚、个性,宜穿着礼服、时装、民族服装。必须注意在社交场合一般不适合选择过分庄重保守的服装,如穿着制服去参加舞会、宴会、音乐会,就往往和周边环境不大协调。

(3)休闲场合

所谓休闲并不等于休息,这里的休闲是指在工作之余一个人独处,或者在公共场合与其他不相识者共处的时间。休闲场合着装的基本要求为舒适自然。换言之,只要不触犯法律,不违背伦理道德,不有碍他人的身体安全,商务人员的穿着打扮可以凭个人所好。

二、行为规范要求

销售人员要注意自己的行为规范(仪态),这不但是自我尊重和尊重他人的表现，而且能侧面反映出员工的工作态度和责任感。

1. 谈话姿势

谈话的姿势往往能反映出一个人的性格、修养和素质。在交谈时，双方要互相正视、互相倾听，不能东张西望、看书看报、面带倦容、哈欠连天等。否则，会给人心不在焉、傲慢无理等不礼貌的印象。

2. 站姿

站立是人最基本的姿势，是一种静态的美（图 4-3）。

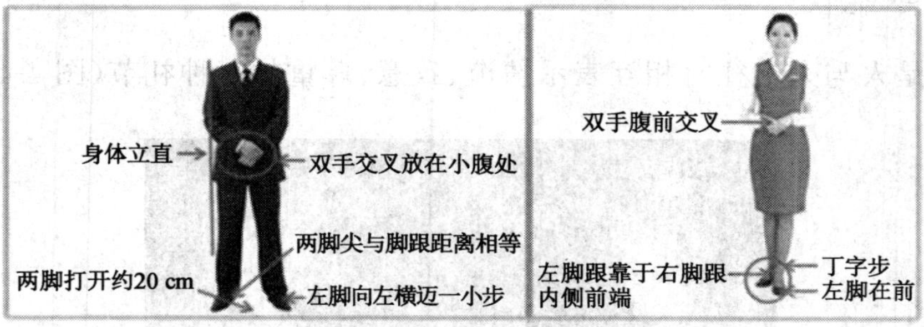

图 4-3　男女站姿示意图

人在站立时，身体应与地面垂直，重心放在前脚掌上，挺胸、收腹、抬头、双肩放松。双臂自然下垂或在体前交叉，眼睛平视，面带笑容。站立时不要歪脖、弯腰、屈腿等，在一些正式场合不宜将手插在裤袋里或交叉在胸前，更不要下意识地做些小动作，那样不但显得拘谨，给人缺乏自信之感，而且也有失仪态的庄重。

3. 坐姿

坐姿也是一种静态造型。端庄优美的坐，会给人以文雅、稳重、自然大方的美感。正确的坐姿应该是腰背挺直，肩放松。女性应两膝并拢；男性膝部可分开一些，但不要过大，一般不超过肩宽。双手自然放在膝盖上或椅子扶手上。在正式场合，入坐时要轻柔和缓，起坐要端庄稳重，不可猛起猛坐，弄得桌椅乱响，造成尴尬气氛。不论何种坐姿，上身都要保持端正，如古人所言的“坐如钟”。若坚持这一点，那么不管怎样变换身体的姿态，都会优美、自然。

4. 走姿

行走是人生活中的主要动作，行走是一种动态的美。“行如风”就是用风行水上形容轻快自然的步态。正确的走姿是轻而稳，胸要挺，头要抬，肩放松，两眼平视，面带微笑，自然摆臂。

三、常用的商务礼仪

1. 握手礼仪

握手是人与人交往时相互表示情谊、致意、尊重的一种礼节(图 4-4)。

图 4-4　握手示意图

(1)一定要用右手握手。

(2)要紧握对方的手，时间一般以 1～3 秒为宜。过紧地握手或是只用手指部位漫不经心地接触对方的手都是不礼貌的表现。

(3)被介绍之后，最好不要立即主动伸手。年轻者、职务低者被介绍给年长者、职务高者时，应根据年长者、职务高者的反应行事，即当年长者、职务高者用点头致意代替握手时，年轻者、职务低者也应随之点头致意。和女性握手时，男士一般不要先伸手。

(4)握手时，年轻者对年长者、职务低者对职务高者都应稍稍欠身相握。有时为表示特别尊敬，可用双手迎握。男士与女士握手时，一般只宜轻轻握女士手指部位。男士握手时应脱帽，切忌戴着手套握手。

(5)握手时双目应注视对方，微笑致意或问好，多人同时握手时应顺序进行，切忌交叉握手。

(6)在任何情况下拒绝对方主动要求握手的举动都是无礼的，但手上有水或不干净时，应谢绝握手，同时必须解释并致歉。

2. 鞠躬礼仪

鞠躬是弯身行礼，以示恭敬，表示对他人敬重的一种礼节(图 4-5)。

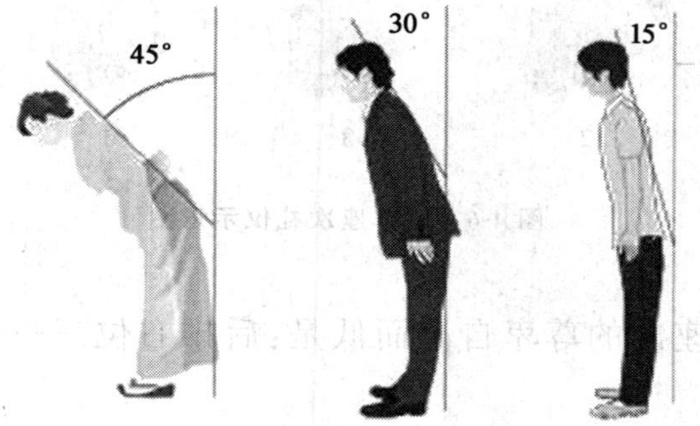

图 4-5 鞠躬礼仪示意图

(1)行礼时，立正站好，保持身体端正。

(2)面向受礼者，距离为两三步远。

(3)以腰部为轴，整个肩部向前倾 15°以上(一般是 30°，具体视行礼者对受礼者的尊敬程度而定)，同时问候“您好”“早上好”“欢迎光临”等。

(4)朋友初次见面、同志之间、宾主之间、下级对上级及晚辈对长辈等，都可以鞠躬行礼表达对对方的尊敬。

3. 座次礼仪

(1)宴会座次

排序原则：以远为上，以面门为上，以右为上，以中为上，以观景为上，以靠墙为上。

座次分布：面门居中位置为主位；主左宾右分两侧而坐；或主宾双方交错而

坐;越近首席,位次越高;同等距离,右高左低。

(2)轿车座次

按照国际惯例,乘坐轿车的座次安排常规是:右高左低,后高前低(图 4-6)。

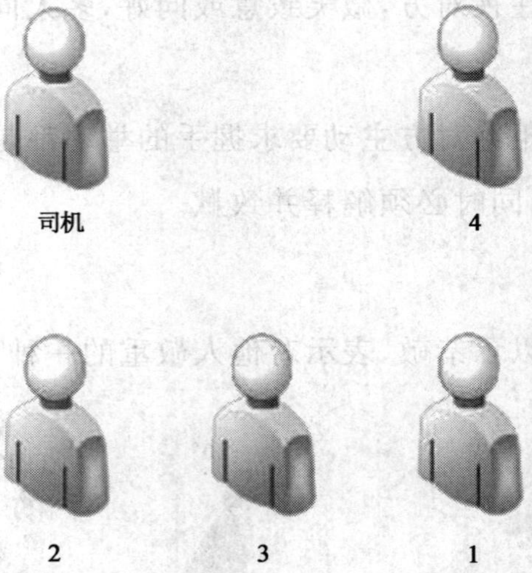

图 4-6 轿车座次礼仪示意图

具体而言,轿车座次的尊卑自高而低是:后排右位——后排左位——前排右位——前排左位。

另外有几种特殊情况,一是主人或熟识的朋友亲自驾驶汽车时,客人坐到后面位置等于向主人宣布其是在打的,非常不礼貌。这种情况下,副驾位置为上座位置。二是接送高级官员、将领、明星、知名公众人物时主要考虑乘坐者的安全性和隐私性,司机后方位置为汽车的上座位置,通常也被称作“VIP”位置。

(3)会议座次

首先是前高后低,其次是中央高于两侧,最后是左高右低(中国政府惯例)和右高左低(国际惯例)。

主席台座次说明:中国惯例,以左为尊,即:左为上,右为下。

当领导同志人数为奇数时,1 号首长居中,2 号首长排在 1 号首长左边,3 号首长排在 1 号首长右边,其他依次排列。

如 7 位领导同志,从台下(面对面)的角度看,是 7,5,3,1,2,4,6 的顺序;从台上(面向同一方向)的角度看,是 6,4,2,1,3,5,7 的顺序。

当领导同志人数为偶数时，有些人会搞错，网上的说法也有很多是不正确的。具体应该是：1号首长、2号首长同时居中，2号首长排在1号首长左边，3号首长排右边，其他依次排列。从台下的角度看，是7，5，3，1，2，4，6，8的顺序；从主席台上的角度看，是8，6，4，2，1，3，5，7的顺序。

4. 行进位次

多人并排行进，中央高于两侧；纵向行进，前方高于后；两人横向行进，内侧高于外侧。

实际上内侧就是指靠墙走，我国道路行进规则是右行，所以在引领客人时，客人在右，陪同人员在左。换句话说，客人在里面你在外面，避免客人受到骚扰和外界影响。

与客人的距离，别拉太远，也别离太近，标准化位置是左前方1～1.5 m处，换句话说，即一步之遥。

与客人同乘电梯，应该先进后出。

5. 名片礼仪

交换名片是社交场合一种重要的交往礼节，有很多的礼仪要求(图4-7)。

图4-7 交换名片礼仪示意图

递名片礼仪：递名片时，起身站立，走上前，双手或右手拿着名片；名片正面对着对方(对方若为外宾，将英文的一面对着对方)；递名片时应说："请多指教"

“多多关照”“常联系”，或做自我介绍；与多人交换名片时，由近而远，由尊而卑；位卑者应当首先将名片递给位尊者。

接名片礼仪：起身站立，面带微笑目视对方；双手捧接，或以右手接过；接过名片后，从头到尾认真默读一遍，意在表示重视对方；接受他人名片时，应使用谦敬语，如“请您多关照”或“请您多指教”。

索要名片的礼仪：向对方提议交换名片；主动递上本人名片；询问对方，如“今后如何向您请教？”（此法适于向长者索取名片），“以后怎样与您联系？”（此法适于向平辈或晚辈索要名片）。

名片存放的礼仪：参加交际应酬之前，提前准备好名片，进行必要的检查；放在专用的名片包、名片夹里，也可以放在上衣口袋里，不要放在裙兜、提包、钱夹里；自己的公文包及办公桌抽屉里，应常备名片；接过他人的名片并看过之后，精心地放入自己的名片包、名片夹或上衣口袋内，若在会议时，可暂时放在会议桌上，一字排开摆整齐，会议结束后应妥善收好，不能随意放在其他地方。

名片收藏要求：参加交际应酬后，及时把收到的名片分类整理收藏；不要随意夹在书刊和材料里、压在玻璃板下或扔在抽屉里。名片收藏时，可以按姓名的外文字母或汉语拼音字母顺序分类，或按专业及部门分类。若按国别或地区分类收藏的名片甚多，可以编一个索引，用起来会更方便。

6. 常用礼貌用语

(1)见面问候语：您好；早上好；晚上好；您好，见到您很高兴；××最近很忙吧！请转达我对他的问候！

(2)分手辞别语：再见；再会；祝您一路顺风；希望不久的将来还能在这里欢迎您。

(3)求助于人语：请问；请帮忙；请帮助我一下；请多指教。

(4)受人相助语：谢谢；麻烦您了；非常感谢！

(5)得到感谢语：别客气；不用谢。

(6)打扰别人语：请原谅；对不起；给您添麻烦了；让您受累了。

(7)听到致歉语：不要紧；没关系；您不必介意。

(8)接待来客语：请进；请坐；请喝茶；再次见到您，真是十分高兴；欢迎光临。

(9) 送别客人语：再见；慢走；欢迎再来。

(10) 无力助人语：抱歉；实在对不起；请原谅。

7. 电话礼仪

(1)接电话

接听电话不可太随便，需讲究必要的礼仪和一定的技巧，以免发生误会。无论是打电话还是接电话，我们都应做到语调热情、大方自然、声音适中、表达清楚、简明扼要、文明礼貌。一般在接听电话时应注意以下几个环节。

①及时接听电话：一般在办公室里，电话铃响 3 遍之前就应接听，6 遍后就应道歉："对不起，让您久等了。"如果受话人正在做一件要紧的事情不能及时接听，代接的人应妥为解释。如果既不及时接电话，又不道歉，甚至极不耐烦，就是极不礼貌的行为。尽快接听电话会给对方留下好印象，让对方觉得自己被尊重。

②确认对方：对方打来电话，一般会自己主动介绍。如果没有介绍或者没有听清楚，就应该主动问："请问您是哪位？我能为您做什么？您找哪位？"但是，人们习惯的做法是拿起电话听筒盘问一句："喂！哪位？"这在对方听来，陌生而疏远，缺少人情味。接到对方打来的电话，拿起听筒应首先自我介绍："你好！我是某某某。"如果对方找的人在旁边，应说："请稍等。"然后用手掩住话筒，轻声招呼同事接电话。如果对方找的人不在，应该告诉对方，并且问："需要留言吗？我一定转告！"

③讲究艺术：接听电话时，应注意嘴和话筒保持 4 cm 左右的距离；要把耳朵贴近听筒，仔细倾听对方的讲话。应让对方自己结束电话，然后轻轻把话筒放好。不可一下扔回原处，这样做极不礼貌。最好在对方挂断电话之后再挂电话。

④调整心态：当您拿起电话听筒的时候，一定要面带笑容。不要以为笑容只能表现在脸上，它也会藏在声音里。亲切、温情的声音会使对方马上对你产生良好的印象。如果绷着脸，声音会变得冷冰冰的。打、接电话的时候不能叼着香烟、嚼着口香糖；说话时，声音不宜过大或过小，吐字清晰，保证对方能听明白。

⑤左手接听：左手接听便于用右手随时记录有关信息。在接听和打电话的过程，要随时牢记 5W1H 技巧，所谓 5W1H 是指①When 何时，②Who 何人，③Where 何地，④What 何事，⑤Why 为什么，⑥How 如何进行。在工作中这些

是十分重要的。对打电话,接电话具有同等的重要性。电话记录既要简洁又要完整,有赖于5W1H技巧。

(2)打电话

①打电话时要控制响铃时长。一般情况下响铃时长并无限制,但根据受话人身份的不同,响铃时长有时也应考虑。例如受话人为老师,当对方在上课时,如非重要事情,响铃4~6声就要停止,久则恼人,事情紧急也不例外。

②要选好时间。打电话时,尽量避开受话人休息、用餐的时间,而且最好别在节假日打扰对方。

③要掌握通话时间。打电话前,最好先想好要讲的内容,以便节约通话时间,不要现想现说,忌"煲电话粥",通常一次通话时长不应长于3分钟,即所谓的"3分钟原则"。

④要态度友好。通话时不要大喊大叫,震耳欲聋。

⑤要用语规范。通话之初,应先做自我介绍,不要让对方"猜一猜"。请受话人找人或代转时,应说"劳驾"或"麻烦您",不要认为这是理所应当的。

(3)常用接听、拨打电话礼貌用语

①您好!这里是×××公司×××部(室),请问您找谁?

②我就是,请问您是哪一位?……请讲。

③请问您有什么事?(有什么能帮您?)

④您放心,我会尽力办好这件事。

⑤不用谢,这是我们应该做的。

⑥×××同志不在,我可以替您转告吗?(请您稍后再来电话好吗?)

⑦对不起,这类业务请您向×××部(室)咨询,他们的电话号码是……。(×××同志不是这个电话号码,他(她)的电话号码是……)

⑧您打错号码了,我是×××公司×××部(室),……没关系。

⑨再见!(与以下各项通用)

⑩您好!请问您那里是×××单位吗?

⑪我是×××公司×××部(室)×××,请问怎样称呼您?

⑫请帮我找一下×××同志。

⑬对不起，我打错电话了。

⑭对不起，这个问题…，请留下您的联系电话，我们会尽快给您答复好吗？

四、农机销售人员的专业知识体系

为了更好地服务客户，农机销售人员除了基本素质、能力、知识外，还应该具备一定的农机行业知识与其他专业知识（表 4-2）。

表 4-2　农机销售人员应具备的知识面和内容概览

知识面	知识类型	具体内容
生产知识	原材料	原材料是国产的还是进口的？材料有何特点？有何与众不同
	生产过程	生产过程、工艺特点是怎样的？有何与众不同
	性能、质量	具备哪些性能？最主要的性能特点是什么？如何发展、提高？质量是如何保证的？又是怎么提高的？怎样识别真假伪劣产品
车辆知识	品牌特点	推销的商品（农机）有几种或数十种，正式名称、普通名称、简称、俗称等都必须牢记。怎么识别品牌？熟悉产品（农机）目录和说明书
	款式	有哪些款式？时代潮流是什么？该款式适合客户的理由是什么
	商品内容	牢记商品（农机）的型号、构造、功能、用途、维修、使用特点、注意事项等
	商品特征	如果比其他商品（农机）好，好在哪里？如果比其他商品（农机）差，差在哪里？事先研究出对策以应对客户提出的质疑
竞品知识	竞争商品	要了解竞争商品（农机）与推销商品（农机）的长处、短处、售后服务、价格、付款方式等的不同，理由是什么
	相关商品	凡是本公司生产或经营的商品（农机），即使不是你负责推销，也应略知一二
买卖条件	售后服务	必须熟记有关售后服务项目、手续的具体规定。熟悉农机信贷、保险、理赔、牌证等相关规定
	交货期、交货方式	现货还是期货？期货日期如何确定？价格有何优惠？到期价格变动如何约定？订货量大小的不同区别的对待有何规定？送货方式不同如何对待？能否算清运费
	价格、付款方式	价格合理吗？性价比如何？要讲得出理由。要清楚降价的条件和可以降价的幅度。熟悉国家补贴政策，了解付款的种类和具体规定，与银行如何沟通？了解办理存、兑手续的程序和具体事项

参考文献

[1] 施颖，都萌. 农机市场营销[M]. 北京：机械工业出版社，2014.

[2] 马旭. 高等农业机械学[M]. 吉林：吉林大学出版社，2006.

[3] 高连兴，刘俊峰，郑德聪. 农业机械化概论[M]. 北京：中国农业大学出版社，2011.

[4] 严宗光. 市场营销学[M]. 北京：科学出版社，2011.

[5] 陈葆华，任广新. 现代实用市场营销[M]. 北京：机械工业出版社，2016.

[6] 卞志刚，盛亚军，董慧博. 市场营销学[M]. 北京：清华大学出版社，2016.

[7] 夏德森. 市场营销学[M]. 北京：北京理工大学出版社，2016.

[8] 刘娟，冯蓉. 市场营销理论与实务[M]. 北京：北京理工大学出版社，2016.

[9] 周文根. 市场营销策划[M]. 杭州：浙江工商大学出版社，2011.

[10] 迈克尔·钦科陶，伊卡·龙凯宁，Czinkota M R，等. 国际市场营销学[M]. 北京：中国人民大学出版社，2015.

[11] 徐鼎亚. 市场营销学. 5 版[M]. 上海：复旦大学出版社，2015.

[12] 杜丽岩. 现代企业网络市场营销研究[M]. 北京：中国水利水电出版社，2015.

[13] 王谊. 现代市场营销学[M]. 成都：西南财经大学出版社，2009.

[14] 侯贵生，彭澜. 市场营销学概论与实务[M]. 北京：中国财政经济出版社，2015.

[15] 王方. 市场营销综合实训[M]. 北京：中国财政经济出版社，2015.